Maryam of Bethlehem

성녀 베들레헴의
마리얌

성녀 베들레헴의 마리얌
Maryam of Bethlehem

목차

저자 서문 ·· 8

역자 서문 ·· 10

I. 갈릴리에서 태어난 어린 아랍 소녀, 마리얌 ·················· 17

1. 요한 바오로 2세 교황이 감춰진 마리얌을 찾아내다.
2. 마리얌에 관한 희귀본이 감쪽같이 사라지다.
3. 아랍인의 딸, 마리얌이 갈릴리에서 태어나다.
4. 태어날 아이를 위한 예비 부모의 기도는 하느님의 축복을 끌어당긴다.
5. 마리얌이 세 살 때 고아가 되다.
6. 마리얌이 새를 목욕시키다.
7. 예수님께서 마리얌을 처음으로 부르시다.
8. 예수님께서 어린 마리얌과 함께 하시다.
9. 독이 든 물고기 꿈을 꾸다.
10. 마리얌이 뱀과 함께 식사를 하다.
11. 마리얌이 중매 결혼을 앞두다.
12. 무슬림에게 마리얌의 목이 잘리다.
13. 마리얌의 잘려진 목을 어떤 여인이 봉합하다.
14. 마리얌이 인생 최고의 수프를 맛보다.
15. 성모님께서 마리얌에게 항상 만족할 줄 알아야 한다고 가르치시다.
16. 마리얌이 항상 만족하면서 하느님의 뜻을 실천하다.
17. 하느님께서는 많은 사람의 마음 문을 두드리고 계신다.
18. 성모님께서 "마리얌은 베들레헴에서 죽을 것이다."라고 예언하시다.

19. 마리얌에게 있어 진짜 엄마와 같았던 그 수녀가 사라지다.
20. 마리얌이 하녀가 되다.
21. 마리얌이 7년 동안 여러 집을 떠돌며 하녀로 일하다.
22. 마리얌이 4일간 지속되는 황홀경에 빠지다.
23. 우리는 천국에서 살기 위해 창조되었다.
24. 최상의 보험은 천국을 준비하는 것이다.
25. 천국과 영원한 행복은 존재한다.
26. 연옥 영혼들이 마리얌을 방문하다.
27. 감춰 둔 5프랑 때문에 깊은 연옥에 떨어지다.
28. 중재 기도와 선행은 연옥을 벗어나게 한다.
29. 우리는 천국에서 왔고 천국으로 돌아가야 할 운명이다.
30. 연옥은 하느님을 사랑하는 영혼들이 정화되는 곳이다.
31. 마리얌이 성 요셉 발현 수녀회에 입회하다.
32. 마리얌에게 성흔(Stigmata)이 나타나다.
33. 예수님의 심장과 마리얌의 심장이 하나로 결합되는 트랜스버버레이션(transverberation)의 은총을 입다.
34. 마리얌이 탈혼 상태에 빠지다.
35. 포(Pau)의 가르멜 수녀원에 입회하다.
36. 마리얌, 인도 망갈로르 가르멜 수녀원 설립자 중 한 명이 되다.
37. 마리얌이 망갈로르 가르멜 수녀원으로부터 추방되다.
38. 마리얌에 대한 오해가 풀리다.
39. 천국과 지상의 공조로 베들레헴의 가르멜 수도원의 설계도가 완성되다.
40. 베들레헴의 가르멜 수도원이 예수님 재림 때까지 건재할 것을 약속받다.
41. 예수님과 마리얌의 협업으로 베들레헴에 가르멜 수도원이 지어지다.
42. 마리얌이 자신의 예언대로 33세 때 이 땅을 떠나다.

II. 마리얌, 어린 예언자 ……………………………… 81

43. 마리얌, 성령께 모든 것을 청하다.
44. 주님께서 마리얌을 통해 성령 공경에 대한 메시지를 교회에 주시다.
45. 교황 레오 13세가 교회를 성령께 봉헌하다.
46. 세상이 어둠 속에 있는 이유는 성령께 청하지 않기 때문이다.
47. 하느님께서 사탄이 마리얌을 40일 동안 유혹하는 것을 허락하시다.
48. 수도자의 영혼을 망가뜨릴 때 사탄이 사용하는 계략이 드러나다.
49. 사탄은 많은 수도자들의 영혼을 파멸시키고 있다.
50. 악마가 가하는 수많은 고통에 대해 단 한마디의 불평도 하지 않다.
51. 애덕, 겸손, 순명은 사탄을 이길 수 있는 무기들이다.
52. 마리얌이 사탄에게 승리에 승리를 거듭하다.
53. 영적 싸움에 걸려 있는 현상금은 우리 각자의 영혼이다.
54. 겸손, 순명, 사랑 앞에서 사탄이 두려워 떨다.
55. 겸손한 사람은 모든 것에 만족한다.
56. 순명과 복종은 어둠 속에 있는 영혼을 빛으로 인도한다.
57. 나무 꼭대기에서 공중 부양 중인 마리얌이 순명하여 땅으로 내려오다.
58. 사랑은 고통과 고뇌를 이긴다.
59. 예수님의 심장이 마리얌의 심장 속에서 뛰다.
60. 마리얌이 비유로 말하다.
61. 관상 기도를 할 때는 작은 도끼가 필요하다.
62. 예수님은 교만한 사람을 겸손으로 이끄신다.
63. 병중에 있을 때라도 하느님의 영광을 위해 살 수 있다.
64. '자아'는 세상을 어둠으로 인도한다.
65. 마리얌이 마음을 읽는 은사를 받다.

66. 마리얌에게 환시와 예언의 능력이 주어지다.

67. 우리는 아빠가 없는 고아들처럼 고통스럽게 산다.

68. 마리얌이 레바논과 예루살렘에 대해 예언하다.

69. 프랑스야, 용서를 청하여라! 용서를 청하여라!

70. 냄비와 후라이팬에 둘러싸인 마리얌이 하느님의 애무를 받다.

71. 마리얌이 하느님 없는 감옥에 갇힌 우리에게 창문을 열어 주다.

에스트리트 신부가 모은 마리얌의 메시지 ·········· 125

탈혼 상태에서 가르멜 수녀들에게 준 ·········· 129
마리얌의 메시지

성녀 마리얌의 사후 부검 ·········· 133

성녀 마리얌의 생애 요약 ·········· 134

참고 문헌 ·········· 136

참고 사진 ·········· 138

저자의 다른 책들 ·········· 145

저자 서문

　　베들레헴의 마리암 성녀는 갈릴리의 가난한 집안에서 태어났다. 3세 때 부모를 모두 여의고 삼촌 집으로 입양되었다. 글을 읽고 쓰는 것을 배우지 못했지만 마리암 성녀의 삶은 시에나의 카타리나 성녀와 아빌라의 데레사 성녀에 버금갈 정도로 신비적이고 초자연적이었다. 성흔을 받았고 사탄과의 투쟁은 그 전례를 찾아볼 수 없을 정도로 격렬했으며 성녀에게 쏟아진 하느님의 은총은 눈으로 보고서도 믿기 어려울 정도로 인간의 경험과 이성을 단숨에 뛰어넘는 놀라운 일이었다.

　　모든 사람들이 그녀를 사랑하도록 만든, 너무나 단순하고 지극히 위대한 천상의 지혜를 그녀는 어디에서 가져왔을까? 그녀를 활활 불타오르게 했던 사랑의 출처는 도대체 어디일까? 사도 바오로의 말 속에 답이 있다.

　　"그녀 속에 사시는 분은 그리스도이시다."

　　마리암 성녀는 가르멜 수녀원에 입회하여 '십자가에 못

박히신 예수의 마리아 수녀'가 되었다. '봉쇄 창살의 수호자'인 수녀원장이었던 그녀는 예수님과 성모님의 방문을 자주 받았다. 그분들에게서 받아서 우리에게 전해준 너무나 값진 금강석 같은 말씀들은 신앙이 허물어져 가는 이 세상의 어둠을 환하게 밝혀 준다. 예수님과 성모님께서 그녀를 통해 우리에게 신앙의 보물을 건네주신 것이다.

마리얌 성녀는 1878년 8월 26일, 33세의 나이로 베들레헴에서 사망했다. 1983년 11월 13일, 교황 요한 바오로 2세에 의해 시복되었고 2015년 5월 17일, 교황 프란치스코에 의해 시성되었다.

천상과 영원한 것에 대한 갈망을 채우기 위해 그녀와 사랑에 푹 빠져 볼 것을 권한다.

엠마누엘 멜라르수녀

역자 서문

    내가 사는 곳 가까이에 도미니코 봉쇄 수녀원이 있다. 지금은 익숙해졌지만 처음 수녀원 성당에 들어섰을 때 받았던 충격은 아직도 기억에 선명하다. 쇠창살 너머에 수도복으로 전신을 가린 수녀님들이 계셨던 것이다.

    피아가 헷갈린 순간이었다. 수녀님들이 갇혀 사는 것인가? 내가 갇힌 것인가? 세상에서 그럭저럭 잘 살고 있다고 자부하던 생각에 금이 쫙 가기 시작했다. '쇠창살 안의 수녀님들이 추구하는 것과 내가 놓치고 있는 것이 혹시 똑 같은 게 아닐까?'라는 불안이 훅하고 밀려들었다.

    분명 예수님 때문에 쇠창살로 세속과 경계를 짓고 사시는 것 같은데 이토록 큰 희생을 받으시는 예수님은 도대체 어떤 분이실까? 봉쇄 수녀님들은 말없이 쇠창살 밖으로 '예수님은 어떤 분이신가?'하는 화두를 준비도 안 된 나에게 던져 주셨다. 화두를 거머쥔 후, 세월은 속절없이 흘러 갔지만 여태껏 빈손이다. 마냥 비어 있는 손이 민망해 뭐가를 잡을 수 있을까 하는 속내로 책에 파묻혀 지낸지도 햇수로 얼추 다섯 손가락을 꼽을 만큼 흘렀다. 읽은 책은 늘어만 가는데 화두는 아직도 꼼짝없이 날이 선 그대로이다.

　쇠창살 안의 봉쇄 구역에서 평생을 살 수 있다는 것은 눈에 빤히 보이는 현실보다 눈에 보이지 않는 세상이 더 가치있고 더 의미있다는 것인데 주일 미사 참례가 신앙생활의 거의 대부분인 내가 보지 못하는 사각지대가, 그것도 어마어마한 사각지대가 존재할 것 같은 예감이 들었다.

　초조했다!

　봉쇄 수도원을 처음 접한 충격을 완화시킬 목적으로 남도에 있는 수정 트라피스트 봉쇄 수녀원을 찾았다. 한 층의 냉방을 에어컨 한 대가 책임지고 있었다. 넓고 천정이 높은 성당에는 그나마 에어컨조차 없었다. 7월의 무더위와 바닷가인 그곳의 습도가 어우러져 마치 물 속과 불 속에서 미사를 드리는 것 같았다. 주일을 하루 앞 둔 날, 그 물불 속을 걸어 노동복 차림의 수녀님이 화분을 안고 들어오셨다. 신발을 벗고 감실 앞에 무릎을 꿇고 기도하

신 후, 꽃도 아닌 화분 몇 개로 제대를 꾸미시면서 수도 없이 여러 각도에서 살펴보며 최상의 아름다움을 드리려는 노고를 지켜보던 내 눈에서 불보다 더 뜨거운 눈물이 쏟아졌다. 그 고귀한 동작들은 보이지 않는 예수님께 바치는 연가였다.

그 후, 보이지 않으나 분명히 존재하는 하느님을 보여줄 책을 맹렬히 찾기 시작했다. 그때 아마존에서 건져 올린 '성녀 베들레헴의 마리얌'를 읽으면서 아주 멀리만 계시던 예수님을 살짝 뵌 것 같은 느낌이 들었다. 겸손하고 순명하는 영혼 안에 거하시는 하느님은 불가능이 없으셨다. '이런 하느님이시라면 평생을 쇠창살 안에서 사는 것도, 마리얌 성녀처럼 순교하는 것도 가능하지 않을까?' 하는 생각이 들었다.

마리얌 성녀는 가톨릭에서 이슬람교로 개종을 거부해 무슬림에 의해 목이 잘린 순교자였다. 성녀의 사후 부검 결과는 기도의 연골이 다른 사람들에 비해 두 개 부족한 것으로 나타났다. 이는 그리스도인을 박해하는 칼에 의해 뼈 두마디가 잘려 나갔음을 반증해 주는 것이다. 목이 잘려 몸에서 떨어져 나갔는데 다시 살아났다! 인간의 상상 너머에 계시는 하느님께서 하신 일이었다.

당시 베들레헴과 나자렛은 터키 치하였다. 여기에 가톨릭 수도원을 세운다는 것은 적의 진지 한가운데에 아군의 진지를 구축하겠다는 어처구니없는 계획이었다. 그러나 천상에 계신 예수님께서 직접 지시한 설계도에 따라 마리암 성녀가 협력하여 가르멜 수도원이 세워졌다. 이 역시 우리의 이성과 지성을 초월해 계시는 하느님께서 하신 일이었다.

읽고 쓸 줄을 몰라 성무일도도 노래할 수 없었던 마리암 성녀가 베들레헴 가르멜 수녀원의 원장 소임을 손색없이 해낼 수 있다. 하느님 안에서는 일자무식도 지도자가 될 수 있고 성녀가 될 수 있다. 학력 지상 주의에 목을 맨 우리의 조악한 사고방식을 단번에 박살내는 이 일도 하느님께서 하신 일이었다.

죽음도, 현실적인 불가능도, 일자무식도 도무지 문제가 안 되는, 모든 것이 가능한 하느님께서 우리 안에서 일하시려면 무엇을 어떻게 해야 할까? 이 책에 그 답이 있다.

예수님께서 겸손에 대해 비유로 하신 말씀이다. 지렁이가 땅 밑에 있으면 안전하지만 땅 위로 올라오면 밟혀 죽는다고 하셨다. 하느님과 일치해 있지 않고 자기 생각, 자기 판단, 자기 계획, 자기 주장이 머리를 치켜 들면 그 사람 안에 머무실 수 없다는 것이다. 또 예수님께서는 지옥에도 온갖 종류의 미덕이 다 있지만 겸손은 없다고 하셨다.

성모님께서는 겸손의 실천에 대해 가르쳐 주셨다. 사는 동안 겪는 모든 것은 하느님의 손에서 오는 것이므로 기쁘게 받아들이라고 하셨다.

마리얌 성녀의 메시지에도 그 해답이 있다. 그녀는 사랑을 행하려면 우리가 먼지만큼 작아져야 한다고 일갈한다. 결국 자기애라는 교만에서 내려와 무아의 길, 자기 이탈의 길이 사랑을 실천하는 길이고 하느님과 일치하는 길이라는 것이다.

또 다른 마리얌 성녀의 말에 귀를 기울여 보자!
"하느님에 관해서는 아주 단순합니다. 그분은 계십니다. 그분의 목소리에 귀를 기울이면 여러분은 죽지 않아요. 여러분은 영원히 살 거예요." 평생 자신의 목소리에만 익숙해진 귀는 닫아 걸고 하느님 목소리에 귀를 기울이기 시작할 때, 우리도 마리얌 성녀에게 쏟아부어진 하느님의 사랑에로 초대를 받지 않을까? 영원한 생명으로 이끄는 그 길을 가기 위해 그분의 목소리가 잘 들리도록 침묵을 찾아 나서고, 침묵 가운데 빠져 보고, 침묵과 어울려 봐야 하지 않을까?

   이 책의 출판을 위해 인디아나 대학에서 수학 교수로 재직 후, 한국에서 노년을 보내고 계신 김철석 박사님의 꼼꼼한 감수에 감사드리며 신앙의 모범이 되어 주신 그분과 그분 가족들에게 살붙이 같은 친밀감을 느꼈음을 이 자리를 빌어 고백한다.

   번역을 마무리하면서 그동안 뵈었던 사제들과 수도자들의 모습이 파노라마처럼 지나간다. 세상의 구원을 위해 일하시는 그분들에게 깊은 존경과 사랑을 담아 이 책을 헌정하고자 한다.

2023년 8월 26일 마리암 성녀 축일에

봉쇄 구역 밖에서 봉쇄의 담장 안에 바쳐진
        수도자들을 기억하며……

서경란 · 이명란

I

갈릴리에서 태어난
어린 아랍 소녀, 마리암

Ⅰ. 갈릴리에서 태어난 어린 아랍 소녀, 마리얌

성녀 베들레헴의 마리얌[1]을 세상에 소개하게 되어 무척 기쁘고 설렌다. 그녀는 어린 아랍 소녀, 마리얌이라고 불린다. 수도명은 '십자가에 못박히신 예수의 마리아 수녀[2]'이다.

신비로운 일로 가득찬 그녀의 생애는 입을 다물지 못할 정도로 우리를 놀라게 한다. 빛이 어둠을 어떻게 이길 수 있으며 성령께서 세상의 악에 대해 어떻게 승리할 수 있는지 우리는 그녀를 통해 생생하게 확인할 수 있다. 눈에 보이는 것이 보이지 않는 것을 완전히 장악한 오늘날, 그녀는 우리에게 몹시 필요한 눈부시게 빛나는 영적 인도자이다. 마리얌은 젊고, 영성적이며, 신비로운 인물이다. 그녀는 읽기와 쓰기를 배운 적이 전혀 없는데도 베들레헴에 있는 가르멜 수녀원 원장의 소임을 손색없이 해내는 등 우리의 상식을 한참 벗어나는 삶을 살았다. 불교, 힌두교의 성지인 인도에 있는 가르멜 수도원 창설자 중 한명이었으며, 무슬림의 거주지인 베들레헴과 나자렛 두 곳에 가톨릭 수

---
1) 마리얌은 마리아의 아랍식 표현이다.
2) '십자가에 못박히신 예수의 마리아 수녀'는 마리얌 성녀의 수도명이다.

도회인 가르멜 수녀원의 창설을 진두지휘했다. 이렇게 적의 진지 한가운데 아군의 진지를 구축한 그녀는 영적 영웅의 최고봉이라고 불리기에 손색이 없다.

1. 요한 바오로 2세 교황이 감춰진 마리암을 찾아내다.

마리암은 경이롭고 배울 점이 가득한 비범한 삶을 살았지만 1세기가 지나도록 사람들의 눈에 띄지 않았다. 교황 요한 바오로 2세가 사람들의 이목으로부터 멀리 떨어져 있는 그녀를 찾아내어 우리에게 선물로 안겨 주었다. 대중적이지도 않고 감추어져 있던 그녀를 현재의 교황청이 시복, 시성하기 위해서는 몹시도 지난한 과정을 치러야만 하기 때문에 그녀를 우리에게 선물하기가 아주 어려웠을 것이다. 3천년기에 처음으로 시성된 파우스티나 코발스카 수녀도 다를 바가 없다. 파우스티나 수녀도 요한 바오로 2세가 시복, 시성을 통해 전 세계에 알리기 전까지 그녀가 쓴 책들과 함께 아무도 모르게 묻혀 있었다.

마리암의 생애와 그녀의 메시지는 우리에게 참 소중하다. 오랫동안 그늘에 가려져 있다가 세상에 드러난 그녀의 삶과 메시지는 진리를 찾는 사람들, 특히 젊은이들에게 큰 영향을 주고 있다. 혹시 그렇게 긴 시간 동안 마리암이 대중에게 알려지지 않았던 것이 하느님의 섭리가 아니었을까? 왜냐하면 그녀의 메시지는 오늘날 더 큰 각광을 받고 더 큰 영향력을 발휘하고 있기 때문이다.

마리암은 사탄으로부터 끔찍한 괴롭힘을 당했고 그 치열한 전투에서 당당하게 승리했다. 그녀는 엄청난 고통을 참아낼 수 있도록 하느님으로부터 놀라운 은총을 받았다. 그녀는 종종 사탄과 직접 맞서야 했는데 그녀의 삶에서 영적 투쟁이야말로 우리에게 가장 큰 가르침을 주는 부분이다.

2. 마리암에 관한 희귀본이 감쪽같이 사라지다.

이스라엘에 가 있을 때, 나는 마리암 수녀를 알게 되었다. 그녀가 겪은 강렬한 영적 투쟁에 대해 얻어 듣고 심한 충격과 함께 진한 감동을 받았다. 프랑스 베다람에서 온 장그랑 신부도 1977년에 나자렛에 머물고 있었다. 그는 당시 나자렛 가르멜 수녀원의 사제였다. 그 역시 마리암에 대해 깊은 감명을 받았고 그녀에 대해서 무척 잘 알고 있었다. 장그랑 신부가 그녀에 관해 이야기하는 것을 듣다 보면 마치 천국을 여행하는 기분이 들었다.

그는 마리암의 실제 영적 지도자였던 에스트리트 신부가 그녀에 관해 쓴 귀중한 책 한 권을 내게 주었다. 불어로 쓴 그 책은 희귀본이여서 책을 주면서 나에게 당부했다. "엠마누엘 수녀님! 이 책을 잃어버리지 않도록 아주 조심해야 합니다." 나는 각별히 주의하겠다는 약속을 한 후, 책을 받아 왔다. 신부와 헤어져 차를 타고 집으로 오다가 모퉁이의 빵 가게에 잠시 들러서 다시 차로 돌아왔다. 그런데......세상에......책이 감쪽같이 사라져 버린 것이다!

일단 집으로 돌아와 책을 찾기 위해 어떤 형제와 함께 그곳을 다시 가보았다. 하수구 안에서 발견된 책은 갈기갈기 찢겨져 있었다. 누군가가 이 책을 완전히 쓸모없게 망가뜨리기로 작정한 것 같았다. 차바퀴가 깔아뭉개고 지나간 다음, 책을 갈기갈기 찢어서 하수구에 쳐박아 놓았던 것이다. 빛을 지독하게 싫어하는 어둠이 마리얌에 대해 이토록 큰 분노를 가지고 있었던 것에 대한 증거라고 이 사건을 해석하는 것은 지나친 것일까? 처참하게 찢어진 책을 보자 어둠에 몹시 시달렸던 마리얌에 대한 연민이 물밀듯이 올라왔다. 나의 '부주의' 때문에 책이 완전히 망가졌다는 것을 장그랑 신부에게 고백하러 갔을 때, 그는 "아! 그런 일이 있었군요. 어둠은 그 책이 수녀님 손에 가는 걸 원치 않았던 것 같습니다. 물론 마리얌은 그 책이 수녀님 수중에 들어가서 무척 기뻐했을 거예요."라고 했다. 나는 마리얌에 대한 희귀본을 내 손에 쥐어 주신 하느님께 감사드리는 걸 잊지 않았고 그 책은 한 권 더 빌려올 수 있었다. 어린 아랍 소녀인 마리얌의 메시지가 얼마나 귀중하기에 책이 감쪽같이 사라졌다가 완전히 파손되어 발견될 정도로 어둠이 이 메시지의 전파를 그토록 두려워하는 것일까?

3. 아랍인의 딸, 마리얌이 갈릴리에서 태어나다.

마리얌의 부모부터가 아주 특별한 이력을 가지고 있었다. 부모 둘다 아랍권 사람이었다. 부모 중 한쪽은 레바논 사람이었고 다른 쪽은 시리아 사람이었다. 이 가족은 몹시 가난했다. 그들은 나자렛에서 30분 정도 떨어진 갈릴리 호수 근처의 작은 마을, 이빌린에 정착해 살고 있었다. 아버지 바우어디씨는 다이나마이트 가루를 만드는 일을 했다. 그의 이름의 뜻이 '가루를 만드는 사람'인데 그는 실제로도 가루를 만드는 일을 했다. 그 가족의 가난은 오직 물질에 한정되어 있었다. 아랍인임에도 불구하고 아버지 바우어디씨는 그리스도교 신앙에 확고한 뿌리를 내린 삶을 아주 철저하게 살고 있었기 때문이었다. 그 가족은 그리스 정교회 소속인 본당 활동에 열심히 참여했다.

바우어디 부부는 12명의 아들을 낳았는데, 아들들이 하나씩 하나씩 차례로 모두 죽었다. 어떤 아이는 태어나자마자 죽고 어떤 아이는 어릴 때 죽었다. 크리스찬 대가족을 꿈꾸고 있던 마리얌의 부모는 아들들이 하나씩 죽어 갈 때마다 마음이 점점 더 시퍼렇게 멍들어 가고 있었다. 이 시련은 마리얌의 부모에게 너무나 잔인한 것이었다. 열두 번째 아이까지 모두 죽자, 바우어디 부부는 특단의 조치를 취하기로 결심했다. "베들레헴으로 성지 순례를 갑시다. 거기에 가서 복되신 어머니께 작은 여자아이 하나를 달라고 청합시다. 성모님께서 바로 그곳에서 하느님의 아들을 이 세상에 낳아 주셨으니 우리도 걸어서 거기까지 가서 우리의 소원인 여자아이 하나를 주시도록 간청해 봅시다!"

그래서 그들은 베들레헴을 향해 출발했다. 믿음과 희망을 가지고 기도하면서 딸아이가 세 살이 되면 아이의 몸무게에 해당되는 밀납을 주님께 봉헌하기로 서원까지 했다. 그리고 얼마 후, 마리얌을 임신하게 되었다. 19세기의 중반인 1846년 1월 5일, 마리얌은 이렇게 해서 세상에 태어났다.

4. 태어날 아이를 위한 예비 부모의 기도는 하느님의 축복을 끌어당긴다.

부부가 함께 아직 태어나지 않은 아이를 위해서 하느님께 기도를 드리는 것은 어떤 이득이 있을까? 임신되기 전부터 이미 모든 사람은 하느님의 계획 안에 존재하고 창조주의 마음 안에 살아있다. 주님께서 예레미야 예언자에게 말씀하셨다. "모태에서 너를 빚기 전에 나는 너를 알았다. 태중에서 나오기 전에 내가 너를 성별하였다." (예레 1, 5) 두말할 필요도 없이 태어날 아이를 위해 임신 전에 부부가 함께 하는 기도는 그 아이에게 엄청난 축복을 가져다 줄 것이다.

마리얌은 모태에 잉태되기 전부터 성모님께 봉헌되었기 때문에 하느님의 특별한 축복을 받았다. 요즘은 임신 전에 자기 아이를 주님께 미리 봉헌하는 부모를 찾아보기가 힘들다. 하느님께서 그런 부부를 보시면 풍성한 축복을 내려 주시고 하느님과 하늘의 천사들이 그 아이에게 달려가서 하느님의 넘치는 사랑으로 가득 채워 놓을 것이다. 주님께서는 아이가 이 세상을 사는 동안 어려움과 시련을 겪을 때마다 그 부모들의 기도를 기억하실 것이다. 대를 이어 어떤 가족에게 하느님의 축복의 물줄기가 계속적으로 흘러 내려가는 경우는 이런 이유 때문이 아닐까? 유대 민족의 역사에서도 자자손손 대를 잇는 하느님의 축복을 자주 볼 수 있다. 하느님께서 어떤 사람에게, "너의 조상 때문에 내가 너에게 이것을 주었고 내가 너에게 그것을 허락하였다."라고 하시는 말씀이 성경에 간간이 등장한다. 부모가 아이의 신앙에 대해 미치는 영향력은 대단하다. 마리얌의 신앙은 잉태 전부터 부모의 기도와 함께 시작되었다고 해도 과언이 아니다. 하느님의 어머니이신 성모님의 중재를 통해 마리얌은 잉태되었고 성모님의 강력한 보호가 마리얌의 전 생애를 따라다녔다.

5. 마리얌이 세 살 때 고아가 되다.

마리얌이 세 살 때, 부모를 모두 잃고 고아가 되었다. 그 어린 나이에 그녀는 이미 고통으로 얼룩져 있었다. 그녀에게는 한 살 어린 남동생이 있었다. 이름은 폴(Paul), 아랍어로는 불로스(Boulos)였다. 마리얌과 폴은 어린 시절을 함께 지냈다. 그러나 부모가 며칠 차이로 차례로 돌아가신 후, 서로 헤어지게 되었다. 동양과 마찬가지로 중동도 가족 구성원은 많으나 고아는 없다. 부모를 잃게 되면 삼촌, 고모, 이모, 사촌, 혹은 가까운 친척집에서 바로 입양을 하게 되는 전통 때문이다.

마리얌의 아빠가 먼저 돌아가셨다. 그는 자신이 하늘로 돌아가야 할 때가 왔음을 알고 마리얌을 품에 안고 요셉 성인께 기도를 드렸다. "요셉 성인님! 이 아이의 애비인 저는 곧 떠나야 할 것 같습니다. 이 아이를 당신께 봉헌하오니 제 딸의 아빠가 되어 주십시오!" 그런 다음 성모님께 말씀드렸다. "성모님! 제 딸을 당신께 봉헌합니다. 제 딸의 엄마가 되어 주시고 항상 돌봐 주십시오!" 이 말을 끝으로 그는 평화롭게 숨을 거두었다. 마리얌의 삶에서 요셉 성인의 도움은 아버지의 기도에서 비롯된 것 같다. 책임감이 강한 요셉 성인은 이 아빠의 절실한 기도를 마음속 깊이 담아 두셨음에 틀림없다. 죽음을 코 앞에 둔 아빠의 간절한 애원을 기억하시고 그녀를 맡아서 잘 돌봐 주셨다. 요셉 성인은 마리얌을 가르치거나 보호하기 위해, 마리얌이 이런 저런 고비를 겪을 때마다 그녀를 방문하셨다.

성인들이 활동하시는 것을 보면 얼마나 놀라운지, 더구나 우리가 성인들에게 맡겨 드린 사람들을 잊지 않고 기억하시는 것을 볼 때마다 얼마나 감사한지 모른다. 정작 우리는 그 기도를 잊어버릴지라도 성인들은 우리의 기도를 잊지 않으신다. 부모를 잃은 마리얌은 세 살 때, 이빌린 마을에 같이 살고 있던 삼촌 중 한 명에게 입양되었다. 삼촌은 마리얌의 부모보다 경제적으로 훨씬 여유로웠다. 부자는 아니었지만 넉넉한 편이었다. 동생 폴은 다른 동네의 친척에게 입양되었다. 이런 이유로 헤어진 후, 두 아이는 두 번 다시 만날 수 없었다.

6. 마리얌이 새를 목욕시키다.

어릴 때부터 마리얌의 영혼은 주님을 향해 있었다. 어느 날, 마리얌은 혼자서 삼촌 집 근처에서 놀고 있었다. 그녀는 자연 속에서 자연과 노는 것을 좋아했다. 자연에 대한 경이로움으로 충만했던 프란치스코 성인과 어린 마리얌은 이런 면에서 닮아 있었다. 그녀는 나무와 동물들과 하늘과 땅을 유심히 관찰했다. 하느님의 말씀을 전할 때가 되자, 그녀는 자연을 예로 든 비유로 사람들을 가르쳤다. 마치 예수님의 말씀처럼!

마리얌은 새들은 절대 씻지 않는다는 것을 자세한 관찰을 통해 알게 되었다. 그래서 한 번도 씻은 적이 없는 새를 안타깝게 여겨 씻겨 주기로 작정했다. 새 한 마리를 잡아서 씻겨 주고, 문질러 주고, 물속에 담그고, 비누칠을 하고, 또 씻어 내었다. 그 불쌍한 새는 가당치도 않은 이 모든 과정들을 다 통과하기 전에 죽고 말았다. 자신의 손 안에서 이 작은 피조물이 죽어 있는 것을 보고 마리얌은 큰 충격을 받았다. 자신의 선행이 어이없게도 이 작은 새를 죽였던 것이다.

7. 예수님께서 마리얌을 처음으로 부르시다.

마리얌이 큰 슬픔에 빠져 있던 바로 그 순간, 그녀의 마음 속에서 어떤 목소리가 들려왔다. 너무나 부드럽지만 아주 큰 목소리였고 그녀가 평생 잊지 못할 목소리였다. 목소리는 그녀에게 말했다. "알겠니? 모든 것은 죽어 없어진단다. 만약 네 마음을 내게 준다면 나는 항상 너와 함께 있을 것이다."

마리얌은 그때 처음으로 예수님께서 그녀의 마음속에서 말씀하시는 것을 들었다. "하느님께서 말씀하시면 우리는 분명하게 알아들을 수 있습니다!" 주님께서는 그녀에게, "모든 것은 죽어 없어진다는 것을 알았지!"라고 분명하게 말씀하셨다. 마음 깊은 곳에서 울린 이 말씀 때문에 마리얌은 죽어 없어지는 것은 어떤 것이고 어떤 것이 영원히 살아남는지에 대한 예리한 통찰력을 갖게 되었다. 당시 마리얌은 5-6세 정도밖에 되지 않아, 그때 경험한 것을 아주 자세하게 설명할 수는 없었지만 중요한 것은 그 순간, 모든 피조물에 대한 집착으로부터 그녀가 이탈되었다는 것이다. 주님께서 아이들의 영혼 안에서 위대한 일을 하시는 때가 대체로 그 정도의 나이이다. 마리얌은 주님의 음성을 듣고 자신이 무슨 일을 하는지 명확하게 모르는 채 자신의 마음을 진정으로 예수님께 드렸다. 그리고 죽어 없어지는 것과 죽지 않는 것 사이에서 그녀는 죽지 않는 것을 선택할 수 있게 되었다. 어린 나이임에도 불구하고 죽어 없어지는 것에 대한 집착을 포기하게 되었던 것이다. 어린 시절의 그 경험은 그녀의 뇌리에 강렬하게 새겨졌고 바로 그날, 그녀는 누구도 빼앗아 갈 수 없는 영원한 것을 선택했다.

마리얌이 6세 때부터 성모님께 대한 신심으로 토요일마다 단식을 하기 시작한 것은 그녀가 일상에서부터 영원한 것을 선택해 나갔음을 단적으로 말해 준다. 누가 가르쳐 준 적도 없는데 비밀리에 혼자서 고행과 보속을 시작했다. 음식이 나오면 가장 싫어하는 반찬부터 먹어서 배를 채운 다음, 모자라는 양을 다른 반찬으로 채웠다. 이토록 어린 나이의 아이가 단식을 스스로 시작한 것을 우리는 도대체 어떻게 받아들여야 할까? 그녀는 하늘의 것을 얻기 위해서 자신을 바치기를 원했고 사라지는 것들과 이탈하고자 하는 마음에서 단식을 시작했다. 사라져 가는 것에 대한 집착의 포기는 나이가 들수록 점점 더 강해졌다.

8. 예수님께서 어린 마리얌과 함께 하시다.

아이들이 자신의 어린 마음을 예수님께 봉헌하는 이런 일이 어떤 결과로 돌아올까? 많은 사람들을 만나는 나에게 그들이 고백하는 놀라운 일 중 하나는 어린 시절에 예수님께 자신을 봉헌했던 사람들은 그들의 불충실에도 불구하고 주님의 신실하심으로 신앙을 되찾게 되었다는 것이다. 하느님을 떠나 죄 속에 파묻혀 지내다 다시 주님께 되돌아온 사람들이 종종 하는 말이다.

"제가 어렸을 때 주님께, '주님, 당신께 제 마음을 드립니다. 당신께 제 삶 전부를 드립니다. 평생을 당신과 함께 하고 싶습니다.'라고 말씀드리고 나서 까맣게 잊어버렸어요. 저는 청년이 되면서 교회에 관한 모든 것을 거부하고 신앙을 잃어버렸고 이교도처럼 살았습니다."

그러나 신실하신 주님은 어린 시절의 기도를 기억하시고 비록 그분에 대해 오랫동안 생각조차 안 했을지라도 신앙을 되찾아 주기 위해 하느님의 섭리를 통해 그들의 마음 안으로 다시 찾아오신다.

23세인 올리비에의 신앙 간증이다. 그는 11세 때 예수님을 만났고 주님께 말씀드렸다. "주 예수님! 제 삶과 제 자신을 당신께 드립니다." 그 일이 있은 지 수개월 후, 그는 그 사실에 대해 새까맣게 잊어버린 것은 물론이고 신앙마저 완전히 버렸다. 여행을 다니면서 심각한 죄를 짓는 생활을 오랫동안 계속 했다. 오컬트 주술에도 손을 대었다. 난잡한 자신의 행동 때문에 그는 마음속으로 몹시 괴롭고 창피했다. 그때 주님께서 죄악의 한가운데 있는 그를 붙잡으시려고 그의 마음속으로 들어오셨다. 올리비에가 하느님께 다시 돌아왔을 때, 비로소 어린 시절에 했던 기도가 생각났다. "주 예수님! 제 삶과 제 자신을 당신께 드립니다." 그 기억이 떠오르자, 그는 주님의 신실하심에 대한 감사와 북받쳐 오르는 기쁨 때문에 펑펑 울었다. 주님과의 약속을 까맣게 잊어버린 자신과는 너무도 달리 주님께서는 아주 명료하게 기억하고 계셨던 것이다.

주님께서는 5세 때, 자신의 마음을 주님께 봉헌했던 어린 마리얌도 또렷하게 기억하고 계셨다. 그분은 신실하고 순진무구한 이 선물을 충실하게 보존해 주셨고 당신 손길로 그녀를 직접 이끌어 주셨다. 어린 마음을 봉헌한 바로 그 순간부터 예수님과 마리얌은 줄곧 함께 걸었다.

9. 독이 든 물고기 꿈을 꾸다.

어릴 때부터 마리얌은 교회 안에서 예언자의 역할을 하도록 부르심을 받았다. 물고기에 관한 꿈은 마리얌이 어릴 때부터 때때로 사람의 마음을 읽고 눈에 보이지 않는 것을 볼 수 있는 영적 능력을 부여받았음을 웅변해 주고 있다.

마리얌은 한 남자가 물고기를 들고 삼촌 집을 찾아온 꿈을 꾸었다. 그 물고기는 독이 들어 있었고 그 남자가 삼촌네 가족을 모두 죽이고 싶어 한다는 것을 꿈을 통해 알게 되었다. 그녀가 꿈에서 깨어났을 때, 놀랍게도 실제로 한 남자가 물고기를 들고 문밖에 서 있었다. 마리얌은 꿈 덕분에 그를 즉시 알아보았다. 물고기를 가져온 사람은 꿈에서 본, 바로 그 남자였던 것이다. 신원이 분명치 않은 그 남자는 큰 물고기를 삼촌네 가족들에게 선물이라며 건네주었다. 가족들은 매우 행복해했고 그 물고기로 저녁 식사를 준비하기 시작했다. 마리얌은 가족들에게 "제발 그 물고기를 드시지 마세요. 독이 들어있어요. 그걸 먹으면 우리 모두는 죽을 거예요!"라고 애원했다. 그러자 그들은 그녀를 놀렸다. "무슨 소리야? 말도 안 되는 소리를 하고 있네!" 가족들은 그녀의 말을 듣지 않았고 물고기가 요리되어 식탁에 올라왔다. 마리얌은 자신이 먼저 맛보겠다고 떼를 썼다. 그녀가 떼를 쓴 이유는……독으로 인해 그녀가 죽는 것을 보고 나면 다른 사람들이 먹지 않을 것이라는 생각에서였다. 어린 나이임에도 불구하고 마리얌에게는 다른 사람을 위해 자신의 생명을 내어놓는 용기가 있었다.

마리얌이 너무 강하게 주장하자, 삼촌과 숙모도 "혹시 모르니까 조심하지 뭐!"라고 하면서 물고기를 먹지 않기로 했다. 그 자리에 있던 모든 사람들이 보는 앞에서 요리한 물고기의 배를 갈랐을 때, 놀랍게도 그 물고기에 독사의 독이 퍼져 있는 것을 보게 되었다. 그날 모든 사람들은 마리얌이 아주 특별한 아이임을 알아보게 되었다. 그녀가 삼촌네 가족을 모두 살렸던 것이다!

10. 마리얌이 뱀과 함께 식사를 하다.

꿈을 통해 물고기에 독이 든 사실을 알아차린 마리얌은 보통 사람의 눈으로는 보이지 않는 세계, 즉 하느님의 영역 안에서 살고 있었음을 보여 준다. 그녀에게는 이미 예언의 은사가 작동되고 있었던 것이다.

마리얌과 뱀에 관한 이야기이다. 마리얌이 아주 어렸을 때, 부엌 구석에서 혼자 커스터드를 먹고 있었다. 그때 커다란 뱀이 나타나 마리얌 쪽으로 조용히 다가왔다. 뱀은 식탁 위로 올라와서 마리얌의 커스터드를 먹으려고 했다. 그러나 뱀을 보고도 마리얌은 전혀 놀라지 않고 재미삼아 뱀의 머리를 잡기도 하고 뱀이 잘 먹을 수 있도록 뱀의 머리를 집어 커스터드가 담긴 접시 속에 넣어 주기도 하며 뱀과 함께 먹기 시작했다. 뱀과의 식사는 그렇게 계속되었다. 세상에서 아주 흔한 자연스러운 일인 것처럼 마리얌은 뱀과 함께 먹고 있었다. 그때 하인이 들어왔고 그녀의 경악은 큰 소동으로 이어졌다. 그녀의 비명 소리는 식사를 하다 깜짝 놀란 뱀을 황급히 내쫓아 버리기에 충분했다. 그러나 마리얌은 평온했다.

이 이야기를 통해 마리얌이 앞으로 어떻게 어둠의 권세를 이기고 승리할 것인지 추측해 볼 수 있다. 아마도 그녀는 순진무구함과 순결을 통해 악을 이길 것이다. 사탄은 순진무구함을 견딜 수 없다. 오늘날 그가 그렇게 많은 아기들과 어린이들을 공격하는 이유가 바로 이것 때문이다. 마리얌은 순진무구함과 겸손, 하느님께 완전히 의탁한 영혼의 평온함을 갖고 있었다. 이 최고의 무기 앞에서 악은 완전히 무력해진다는 것을 마리얌은 우리에게 확인시켜 주고 있다. 악은 그녀를 추락시키기 위해 공격을 하기도 하고 추악한 자신의 존재를 그녀에게 드러내기도 했지만, 그녀가 가진 '순진무구'라는 강력한 영적 무기 앞에서 싸움의 상대조차 되지 않았다. 악은 마리얌과의 싸움의 시작에서부터 끝까지 머리가 돌 지경이었다. 순진무구와 순결함으로 자신의 영혼을 하느님과 항상 일치해 있는 마리얌 앞에서 악은 한없이 무력하기만 했다.

11. 마리얌이 중매 결혼을 앞두다.

그녀가 여덟 살 때쯤, 삼촌은 마리얌과 가족들을 데리고 이빌린을 떠나 이집트의 알렉산드리아로 이사를 갔다. 삼촌은 마리얌에게 아주 잘해 주었다. 마리얌을 자신의 딸처럼 생각했다. 삼촌은 마리얌이 모르는 사이에 그녀의 약혼자도 정해 두었다. 때는 1858년이었고 그 당시의 대부분의 아랍인들처럼 이 가정에서도 당사자의 의사와는 상관없이 부모가 맺어 주는 중매 결혼이 계획되어 있었다. 그 당시에는 그런 일이 지극히 정상적이었다. 그래서 삼촌과 숙모는 마리얌의 결혼 계획을 미리 세웠고 몇 년 전에 삼촌이 정해 놓은 소년과 곧 결혼하게 될 것이라고 마리얌이 12세가 되었을 때 알려 주었다. 그전까지 마리얌은 자신의 결혼에 대해 전혀 모르고 있었다.

가족들은 마리얌에게 화려한 옷을 입히고 보석으로 치장을 하고 머리를 우아하게 다듬어서 그녀를 아름다운 약혼녀로 꾸며 놓았다. 마리얌은 다섯 살 때, 자신의 삶을 주님께 드린다고 약속한 것과 예수님이 아닌 누구에게도 결단코 속하지 않을 것이라고 결심했던 것을 기억하고 있었다. 결혼 날짜가 가까워지자 마리얌은 공황 상태에 빠졌다. 그녀는 성모님께 결혼 계획이 무산되게 해달라고 간곡하게 기도했다. 삼촌에게 여러 번 말했지만 그는 들으려고도 하지 않았다. 그는 절대로 자신의 결정을 굽히지 않았다. 그로서는 고아가 된 조카를 반드시 결혼시켜 남편의 보살핌을 받게 하는 게 삼촌으로서 조카에게 해줄 수 있는 최선이라고 생각했다. 그것이 가부장적 사회인 당시 사람들의 생각이었다.

하느님의 어머니께서 장차 당신 아드님의 정배가 될 마리얌을 눈여겨 지켜보고 계셨다. 결혼식 전날 밤, 성모님께서는 당신의 딸에게 시에나의 카타리나 성녀의 생애에서 있었던 일과 비슷한 고전적인 책략을 속삭여 주셨다. 마리얌은 즉시 알아들었고 아침에 일어나자마자, 제일 먼저 자신의 아름답고 긴 머리카락을 싹둑 잘라 버렸다. 당시 중동에서는 머리카락이 없는 여자와 결혼하는 것은 생각도 할 수 없는 아주 수치스러운 일이었다. 결혼식날 아침, 마리얌은 가족들과 남편감 앞에 나타났다. 그녀가 머리 수건을 벗었을 때, 모든 사람이 경악했다. 삭발을 해서 머리카락이라고는 한 올도 없는 완전 까까머리인 그녀가 거기에 서 있었던 것이다. 끔찍스럽고 남부끄러운 일이 결혼식 당일에 일어났던 것이다. 마리얌은 삭발을 했고 그녀는 결혼할 수 없는 운명이 되었다. 그 책략은 성공했다. 모든 사람들이 충격을 받았고 삼촌은 격노했다. 그래서 피가 나도록 그녀를 두들겨 팼고 마리얌의 온 몸에는 멍이 시퍼렇게 들었다. 그녀는 집에서 쫓겨나 노예들과 함께 일하는 신세로 전락했다. 이 집에서는 많은 흑인 노예들이 삼촌을 위해 일하고 있었다. 삼촌은 노예들에게 마리얌을 심하게 대하도록 명령했고 수개월 동안 부엌이나 정원이나 밭에서 가장 힘든 일을 하게 했지만 마리얌은 이 모든 핍박과 모욕에 대해 불평 한마디 없이 순종했다. 그녀가 이 시기에 얼마나 힘든 일을 견뎌냈는지는 하느님만이 아실 것이다.

그러나 마리얌은 자신의 이런 운명을 한탄하기보다 오히려 기쁨으로 받아들였다. 그녀는 이미 주님과 천상 주민들과 아주 친밀한 상태였기 때문에 현실의 고달픔보다는 내면의 기쁨에 집중해 있었다. 삶은 고단했지만 마리얌은 자신의 마음속에 있는 천국에서 살고 있었다. 지복이 무엇인지를 그녀는 고난을 겪으면서도 기뻐하는 것으로 보여 주었다. 현실의 고통을 뛰어넘을 수 있는 내면의 신앙 세계는 그녀에게 있어 너무나 소중했다. 모순되는 것 같지만, 험한 노동과 다른 사람에게 거부당하는 시련은 오히려 하느님과의 유대를 더 강하게 해주었다.

12. 무슬림에게 마리얌의 목이 잘리다.

12세가 된 마리얌은 세 살 때 헤어진 남동생 폴을 마음에서 내려 놓은 적이 없었다. 폴은 나자렛 인근에서 살고 있었다. 어떤 무슬림 남자가 나자렛으로 간다는 것을 알게 된 그녀는 동생 폴에게 전달할 편지를 맡기러 그 남자의 집으로 찾아 갔다. 편지를 전달한 후, 알렉산드리아 근처에 살고 있던 그 무슬림 가족들에게 작별 인사를 하자, 그들은 마리얌에게 "우리와 함께 저녁을 먹고 자고 가세요."라며 그 지방의 전통에 따라 손님 접대를 위한 초대를 했다. 알다시피 중동에서는 상대방의 초대를 거절하는 것은 큰 실례가 된다. 게다가 날도 저물어 가고 있었다. 마리얌은 할 수 없이 그들의 제안을 받아들여 저녁을 같이 먹기로 했다. 결혼을 거절한 후, 과중한 노동에다 심한 폭행을 당해 왔기 때문에 그녀의 몸에는 폭행의 흔적이 역력했다. 저녁 식사 중에 그 무슬림 남자가 마리얌에게, "그리스도교 신앙이 너를 이렇게 만들었다는 걸 잘 알고 있겠지! 그 사람들은 사악해! 너는 그리스도교를 버리고 이슬람교를 믿어야 돼!" 그러나 마리얌은 "아니에요! 저는 그리스도교 신앙을 꼭 지킬 거예요! 저는 가톨릭 신자이고 죽더라도 제 신앙을 지키겠어요! 가톨릭만이 단 하나뿐인 진리예요!"라고 강하게 주장했다.

다른 종교를 가진데다가 어린 나이임에도 불구하고 마리얌이 개종을 강하게 거부하자, 격하게 분노한 그는 발로 그녀를 심하게 걷어 찼다. 어린 소녀는 흉곽에 골절상을 입고 땅에 내동댕이쳐졌다. 걷잡을 수 없는 분노에 휩싸인 그가 초승달 모양의 이슬람 칼을 들고 와 그녀의 목을 잘라 버렸다. 그 부부는 광기어린 살인자들이 하는 것처럼 밤의 어둠을 이용해 목이 잘린 마리얌을 치워 버리기로 결정했다. 마리얌은 먼 곳에 있는 자연 동굴에 버려졌다. 그들은 그녀를 버리고 마치 아무런 일도 없었던 것처럼 집으로 돌아왔다. 그날은 1858년 9월 7일 혹은 9월 8일 밤이었다.

13. 마리얌의 잘려진 목을 어떤 여인이 봉합하다.

　　죽임을 당한 후, 동굴에 버려진 어린 마리얌에게 무슨 일이 일어났을까? 그녀는 가톨릭에서 이슬람교로 개종을 거부한 이유로 무슬림으로부터 순교를 당했다고 볼 수 있다. 마리얌은 그리스도교 신앙을 증거했고 신앙 때문에 목이 잘려 순교의 피를 흘렸다. 그녀가 아주 어렸을 때, 주님께 대한 사랑에 불타올라 신앙을 지키기 위한 순교의 은총을 청한 적이 있었다. 그녀는 예수님을 위해 순교하고 싶어 안달이었다. 주님은 몇 년을 기다리게 하셨지만 그녀의 기도를 들어주셨다.

　목이 잘린 마리얌은 알렉산드리아 외곽에 있는 작고 지저분한 동굴의 어둠 속에 버려졌다. 그녀는 짐승의 먹이가 되었을까? 그러나 마리얌의 생애는 동굴에서 끝나지 않았다. 믿을 수 없는 매우 신비로운 일이 그녀에게 일어났기 때문이다. 무슬림에 의해 목이 잘린지 여러 해가 지난 후, 그녀가 영적 지도자인 에스트리트 신부에게 말했다. 목이 잘린 채 동굴 속에 버려진 그녀는 천국으로 올라갔고 거기에서 하느님을 뵈었고 복된 삼위일체의 환시를 보았다. 예수 그리스도도 뵈었다. 하느님의 보좌도 보았다. 또한 복되신 동정 마리아께서 찬란하게 빛나는 영광스런 모습으로 하느님의 보좌 곁에 서 계신 것도 보았다. 하느님의 천사들도 보고 성인들도 보았다. 상상조차 불가능한 장엄광대한 천국을 본 그녀는 말로 형용할 수 없는 행복을 느꼈다.

그녀가 흔히 탈혼 상태(ecstasy)³⁾라고 부르는 이런 지복의 한 가운데에 있을 때, 누군가가 다가와서 말했다. "마리얌, 너의 삶은 아직 끝나지 않았어! 너는 지상으로 돌아가야 해!" 어떻게 해서 그렇게 되었는지 알 길이 없지만 그녀는 목이 잘려 죽었다가 다시 살아났다. 천국에서 어두운 동굴로 되돌아온 것을 마리얌이 알아차리자마자, 어떤 여인이 다가왔다. 여인이 입은 옷은 수녀복과 아주 비슷했다. 그 옷은 아름다운 푸른색이었다. 여인은 마리얌을 온화하게 보살펴 주었고 함께 있는 것만으로도 그녀를 행복하게 했다. 그 여인은 마리얌의 잘려진 목을 봉합하기 시작했고 봉합이 끝나자 상처에 연고를 발라주고 붕대로 싸매주었다. 여인은 말이 없었고 매일 마리얌을 찾아와 능숙한 간호사처럼 돌봐 주었다.

14. 마리얌이 인생 최고의 수프를 맛보다.

동굴에서 여인의 간호를 받으면서, 그 신비스러운 수녀와 마리얌 사이에는 깊은 사랑이 싹텄다. 수녀의 간호를 받던 어느 날, 마리얌은 자신의 체력이 돌아오고 있음을 느꼈다.

여인은 마리얌이 난생처음 먹어 보는 아주 맛있고 특별한 수프를 가져다 주었다. 마리얌이 회고하기를, "수프이긴 한데 보

---
3) 탈혼 상태(Ecstasy) : 하느님의 능력에 의한 초자연적인 현상, 즉 인간 영혼이 일시적으로 하느님과의 밀접한 일치에로 드높여진 결과, 부수적으로 감각 기관이 정지되는 상태를 가리킨다. 황홀경이라고도 한다.

통 수프가 아니었어요. 세상 어디에도 없는 너무나 맛있고 특별한 수프였습니다." 마리얌은 수프를 아주 달게 먹고 나서 더 달라고 청했다. 아이들이 맛있는 음식을 욕심내듯 "더 주세요!" 하고 졸랐다. 그러자 그동안 침묵으로 일관하던 여인이 처음으로 마리얌에게 말했다. "마리얌, 안돼요! 그 정도로도 충분해요!" 여인은 마리얌에게 수프를 조금도 더 주려고 하지 않았다. 여인은 맛있는 수프를 통해 마리얌이 살아가는데 지침이 되는 소중한 교훈을 가르쳐 주었다. 그다음에 일어난 일들을 통해 이 신비스런 수녀의 정체가 드러났다. 그 여인은 다름 아닌 '복되신 동정 마리아'였다.

15. 성모님께서 마리얌에게 항상 만족할 줄 알아야 한다고 가르치시다.

하느님의 어머니께서 동굴에 버려진 어린 마리얌을 방문하신 것이다. 성모님께서 마리얌에게 처음으로 하신 말씀이다. "마리얌, 이 말을 잘 기억해야 한단다. 자신이 충분히 가지지 못했다고 생각하는 사람들처럼 행동하지 말고 항상 '그것으로 충분해요!'라고 말하거라. 어떤 어려움에 처하더라도 항상 만족할 줄 알아야 한다!" 성모님께서는 마리얌이 이 세상에서 사는 동안 많은 어려움을 겪을 것이라고 알려 주시면서, "항상 만족할 줄 알아야 한다. 좋으신 주님께서는 네게 필요한 모든 것을 안배해 주실 것이다."라고 말씀하셨다. 또 성모님께서는 삶에서 일어나는 모든 일은 하느님의 손으로부터 온 것이므로 기쁘게 받아들이고 삶의 작은 부분 하나하나에 대해서도 감사드려야 한다고 하셨다.

성모님의 가르침은 마리얌에게 분명하게 각인되었다. "항상 만족할 줄 알아야 한다!"는 가르침은 그녀가 늘 행복할 수 있는 밑바탕이 되었으며 수도 생활의 기본 지침이 되었다. 수년 후, 또 다른 가르멜 수녀인 소화 데레사 성녀는 "지상에서의 진정한 행복은 언제나 예수님께서 우리에게 주시는 모든 것에 감사하는 데에 있습니다."라는 말로 성모님의 가르침을 우리에게 재차 전한다.

시편 23장 말씀, "주님은 나의 목자, 나는 아쉬울 것 없어라." 마리얌에게 이 말씀은 특별한 의미가 있었다. 이 말씀을 있는 그대로 받아들인 그녀는 어떤 상황에서도 아쉬운 것이 없었다. 성모님의 가르침을 받은 이후, 전 생애를 통해 그녀에게 일어나는 모든 것을 하느님으로부터 오는 것으로 받아들였다. 성모님의 가르침을 철저히 따르기로 한 그녀의 선택은 그녀를 항상 행복으로 이끌었다. 모든 것이 하느님의 손으로부터 온다는 것을 알고 난 후, 무슨 일이 생기더라도 그녀는 걱정하지 않았다. 무슨 일이 일어날지 알기도 전에 그녀는 하느님의 손에 감사의 입맞춤을 드렸다. 어떤 힘든 일이 닥쳐도 그녀의 눈에는 모든 것이 하느님의 뜻대로 잘 되어 가고 있었고 하느님께 대한 믿음과 신뢰는 점점 더 단단해져 갔다. 그녀는 모든 상황과 최악으로 보이는 상황일 때도 하느님께서 주시는 행복을 놓치지 않았다. 마리얌의 선택은 올바르고 탁월한 선택이었다. 행복이 우리를 찾아오게 하려면 마리얌과 같은 선택을 하면 된다.

프랑스의 위대한 신비가인 마르뜨 로뱅(1902-1981)은, "모든 일이, 비록 하느님께서 원치 않으셨던 일조차도 하느님의 뜻대로 실현되어 갈 것을 잘 알고 있기 때문에 어떤 어려운 일이 있어도 저는 오직 침묵 가운데 기도하고 하느님께 경배드릴 뿐입니다."라고 했다.

하느님께서는 당신의 뜻이 아닌 나쁜 일, 예를 들면 죄가 저질러져도 그 죄악으로부터 선을 이끌어 내실 만큼 우리를 너무나 사랑하신다. 하느님은 당신의 피조물이 저지른 악을 선으로 바꾸실 수 있는 전능하신 분이시다. 그분은 우리가 저지른 악을 우리의 더 큰 선을 위해 사용하신다.

베드로가 예수님을 부인했을 때, 그 죄는 하느님의 뜻이 아니었다. 그러나 성부께서는 베드로의 죄를 선용하셨다. 베드로의 죄를 베드로의 유익을 위해서 사용하신 것이다. 예수님을 세 번이나 부인한 자신에 대해 충격을 받은 베드로 사도는 이 사건을 통해 겸손을 배웠고 예수님께서 남기신 사도들과 양떼를 돌보는 더 큰 사랑에 자신을 기꺼이 희생할 수 있게 되었다.

16. 마리얌이 항상 만족하면서 하느님의 뜻을 실천하다.

마리얌은 어떤 유혹이나 자신의 자아로 인해 무너지지 않았다. 어려운 일을 당할 때, 우리는 불평을 늘어놓는데 바로 그 불평이 우리를 걸려 넘어지게 하는 걸림돌이 된다. 우리는 어떤 일 때문에 화가 나면, "남편이 달라졌으면, 그 일이 일어나지 않았다면, 병이 나지 않았다면, 내 유산을 빼앗기지 않았더라면."하고 아무 생각없이 쉽게 말한다.

악마의 장난인 줄을 조금도 눈치채지 못한 채, 우리가 불평과 불만과 한탄으로 그와 장단을 제대로 맞추는 바람에 하느님께로 나아가던 길은 그만 뚝 끊어지고 만다. 불평으로 말하자면 악마는 타의 추종을 불허한다. 불평의 왕자인 그는 좌절의 구렁텅이를 향해 자진해서 걸어 들어가고 있는 것이다. 악마는 잘 되는 일이 아무것도 없다고 상황을 부정적으로 단정짓는 능력이 아주 탁월하다.

그는 만족할 줄 모르고 항상 불평을 하고 반란을 일으킬 준비가 되어 있다. 그러나 마리얌은 정반대였다. 성모님께서 직접 그녀에게 분명하게 조언해 주셨다. "항상 만족할 줄 알아야 한다!" 성모님의 가르침에 따라 어떤 상황에서도 항상 만족할 줄 아는 어린 마리얌에게서 하느님께서는 당신의 기쁨을 찾으셨고 그런 마리얌을 통해 당신이 원하시는 모든 것을 이루셨다.

주님께서 다윗 왕에 대해, "내가 이사이의 아들 다윗을 찾아

냈으니, 그는 내 마음에 드는 사람으로 나의 뜻을 모두 실천할 것이다."(사도 13, 22)라고 말씀하셨다. 하느님의 이 예언을 자세히 살펴보면, "그가 내 모든 뜻을 이루었다(He has done all my will.)."라고 과거형으로 말씀하지 않으시고, "그는 할 것이다(He will do.)."라고 미래형으로 말씀하셨다. 하느님께서는 다윗이 신실한 사람이기 때문에 그를 믿으셨고 다윗은 하느님의 말씀에 귀를 기울여 하느님의 뜻이 이루어지도록 철저히 복종했다.

마리암에 대해서도 똑같이 말씀하실 것이다. "내가 뜻한 모든 것을 실천할 것이기 때문에, 마리암은 내 마음에 드는 어린이다."

17. 하느님께서는 많은 사람의 마음 문을 두드리고 계신다.

하느님은 당신의 한없는 사랑을 주고 싶은 열망 때문에 많은 사람들의 마음 문을 두드리신다. 당신께 활짝 열릴 문을 찾아다니시고 문이 열리길 희망하시지만 얼마나 많은 거절을 당하시는지 모른다. "주님, 저는 당신이 원하시는 것은 무엇이든지 할 수 있습니다. 저를 선택해 주시면 좋겠습니다."라고 할 누군가를 갈망하신다. 그러다가 하느님은 마리암을 발견하셨다. 그녀는 무슨 일이든 '예'라고 할 것임을 하느님은 아셨다. 그런 그녀에게 주님께서 무슨 일을 하셨을까? 그분은 그녀의 '예'를 받아들여 그녀를 성화시키셨다. 그분은 당신 사랑을 마음껏 부어줄 장애물이 없는 길을 발견하시고 너무나 기뻐하셨다. 그분은 어떤 방해도 받지 않고 당신의 뜻을 마리암을 통해 모두 이루셨다. 하느님께서는 마리얌의 삶 안에서 원하셨던 모든 일을 하셨으며 그녀는 그녀를 위해 준비된 성인이 될 수 있는 모든 잠재 능력을 다 발휘했다. 교회의 역사를 보면 자신의 삶에서 하느님을 선택해야 하는 결정적인 순간을 경험했던 성인들의 예는 수두룩하다.

어느 날, 예수님께서는 교회의 아주 특별한 사명을 맡기기 위해 마리아 실러(Maria Sieler, 1899-1952)라는 오스트리아의 젊은 여성의 마음 안에서 말씀하셨다. 마리아는 거절하지는 않았지만 약간 두려웠다. 24세인 그녀를 부르신 그분께 자신을 온전히 내어 드리는 것에 대해 주저하고 있을 때, 영성체 후 마음속에서 이런 말씀이 들려왔다. "네가 현재의 너를 뛰어 넘어 나를 따르고 싶지 않다면 다른 영혼을 찾아보겠다. 나에게는 나의 은총을 제안할 수 있는 수천의 영혼이 더 있단다." 마리아 실러는 이런 사명을 맡을 기회가 다시는 오지 않으리라는 것을 알았다. 그녀는 예수님의 부르심에 철저하게 응답했고 사제들을 위한 모성으로 불타는 영혼이 되었다.

하느님께서 특별한 사명으로 부르신 미국에 사는 내 친구는 한 가정의 엄마였기 때문에 수도자에게 잘 맞는 소명을 위해 예수님께서 자신을 선택한 것에 대해 무척 놀랐다. 예수님께서 그녀에게 말씀하셨다. "이 사명을 다른 영혼에게 제안했지만 그녀는 거절했다. 너는 다른 소명에 대해 '예'라고 했기 때문에 너를 선택한 것이다." 내 친구는 예수님의 말씀을 유머스럽게 정정했다. "제 말을 오해 말고 들어주셨으면 좋겠어요. 사실은 제가 차선책이었다는 거죠."

마리얌은 예수님의 어떤 제안에도 즉각적으로 무조건적인 '예'를 드렸다. 그렇게 하는 것이 이 세상과 다음 세상을 위한 최선임을 마리얌은 잘 알고 있었다. 크리스찬의 삶에 있어서 순명은 기본적인 자세이다. 수도자의 삶에서는 더욱더 그렇다.

우리는 마리얌의 삶에서 글을 읽을 수도, 쓸 수도 없고, 교육을 전혀 받은 적이 없는 사람의 능력이라고는 상상조차 할 수 없는 사건들을 매번 접한다. 지적으로 아무것도 모르거나 연약하고 소심한 성격은 하느님 안에서 문제 될 것이 전혀 없다. 하느님께서는 당신의 손 안에 '예'라고 응답한 말랑말랑한 반죽을 가지고 당신이 원하시는 모든 것을 그녀를 통해 이루셨다. 주님께서 그녀를 위해 무슨 일을 하실지 마리얌이 항상 이해하고 받아들인 것은 아니었지만 그분께서는 그녀의 순명을 통해 놀라운 일을 하셨다.

18. 성모님께서 "마리얌은 베들레헴에서 죽을 것이다."라고 예언하시다.

마리얌의 잘린 목이 다 아물었지만 '그 아름다운 여인'의 가르침은 계속되었다. 마리얌의 미래와 앞으로 그녀가 겪게 될 일들을 알려 주기도 했다. 마리얌은 가족들을 다시는 만나지 못할 것이라고 들었다. 가족들에 대한 애착이 유난히 강한 마리얌은 가족들을 만나고 싶은 유혹을 여러 번 겪었으나 숨어서 살아야 한다는 성모님의 가르침은 거스를 수 없는 절대적인 것이었다.

삼촌 집에서는 마리얌의 실종에 대한 이야기가 끊이지 않았다. 그들은 마리얌이 누군가의 유혹에 넘어갔거나 납치를 당했을까봐 두려워했다. 아랍 가정에서는 오늘날도 그런 일을 매우 수치스럽게 생각한다. 그래서 그들은 백방으로 그녀를 찾아다녔고 그들의 수색이 미치지 않은 곳이 거의 없었다. 마리얌은 동굴을 떠나 세상에 나오자마자 바로 이 사실을 알게 되었다. 삼촌네 사람들이 그녀를 찾고 있었으므로 그녀는 몸을 숨겨야 했다.

성모님은 마리얌이 수녀가 될 것이며 아빌라의 데레사의 딸이 되기 전에 먼저 성 요셉의 아이가 될 것이고 그런 뒤, 가르멜 수도복을 입을 것이며 베들레헴에서 죽을 것이라고 예언하셨다.

19. 마리얌에게 있어 진짜 엄마와 같았던 그 수녀가 사라지다.

동굴에서 기력을 회복한 마리얌은 걸을 수 있게 되었다. 그 수녀는 알렉산드리아에서 마리얌을 성당으로 데리고 갔고 12세의 어린 마리얌에게, "고해성사를 보아라."라고 하였다. 마리얌은 성당으로 들어가면서, "여기서 저를 기다려 주세요. 고해 성사를 보고 올게요."라고 말했다.

마리얌은 고해 성사를 보러 들어갔고 고해 성사 후에 성당을 나와서 그 수녀를 찾기 위해 둘러보았다. 찾고 또 찾았다. "안돼! 이럴 수는 없어!" 고통이 물밀듯이 밀려와 마리얌을 잔인하게 괴롭혔다. 그 수녀가 사라진 것이다. 마리얌의 목을 베었던 칼이 이번에는 마리얌의 가슴을 찔렀다. 그 수녀를 다시는 볼 수 없을 것이라는 느낌이 들었고 그것은 그녀에게 너무나 끔찍스런 일이었다. 그녀는 이 세상에서 다시 혼자, 완전히 혼자임을 깨달았다. 그녀에게 가족은 이미 없는 것과 마찬가지였다. 그녀는 가족들과 만날 수가 없었다. 그래서 자신에게 진짜 엄마가 되어 준 이 수녀의 부재가 더욱더 견딜 수가 없었고 그녀의 마음에 극도의 괴로움을 안겨 주었다. 그녀가 지상에서 기댈 수 있는 존재는 이제 아무도 없었다.

발을 헛디딜 위험에 처해 있던 그 순간, 그녀는 성모님께서 해 주셨던 말씀과 그녀가 성모님께 드린 약속이 기억났다. 그녀에게 일어난 모든 것은 하느님으로부터 온 것이며 어떤 상황이든 항상 만족해야 한다는 지침이 떠올랐다. 다시 용기를 찾은 그녀는 고해 성사를 들어준 사제를 찾아가서 비밀 유지를 약속받고 자신의 이야기를 털어놓았다. 이 사제가 그녀를 도와주기로 했다.

20. 마리얌이 하녀가 되다.

그 사제의 도움으로 그녀는 여러 집에서 하녀로 일하게 되었다. 열두 살밖에 안된 어린 마리얌이 이런 일을 하기 위해서는 큰 용기가 필요했다. 그녀는 부잣집에서도 가난한 집에서도 일을 했고 친절한 사람의 집에도 있었지만 사악한 사람의 집에도 들어갔다. 알렉산드리아에서 일을 시작했으나 그 도시를 곧 떠나야 한다는 느낌이 들었다. 그녀의 가족이 그녀를 계속 찾고 있었기 때문에 가족들의 눈에 띄는 것이 두려웠다.

그녀는 예루살렘, 야포, 베이루트로 거주지를 옮겨 다녔다. 이 시기에 하녀로 살았던 그녀는 가난하고 병든 사람들을 위해 쉬지 않고 애덕을 실천했다. 그녀는 육체적 노동과 삶의 지혜뿐만 아니라 간절한 기도를 통해서 어려운 사람들에게 실질적인 도움이 되었다. 그녀는 기적을 행하기도 했다.

모든 가족이 병들어 누워 있고 몹시 가난한 가정에서 가사일을 돌보고 있었을 때, 그들을 대신해 빵을 구걸하기도 했다. 그녀의 간절한 기도를 통해 한 사람씩 병이 나았는데 나중에는 임종 환자까지 회복되었다. 가족 모두가 치유되었던 것이다. 어떤 가정에서는 그 집 아이가 발코니에서 떨어진 일이 있었다. 아이가 꼼짝도 않고 바닥에 누워 있는 것을 보고 가족들은 최악을 생각하며 두려움에 떨고 있는 동안 마리얌은 기도했다. 그녀는 아이를 팔에 안고 복되신 성모님께 아이를 살려 달라고 애원을 했고 아이는 기적적으로 살아났다. 몇 개의 멍 자국만 아이가 낙상했음을 대변해 주고 있었다.

마리얌은 사람들에게 항상 진심어린 관심을 표현했다. "네 형제를 너 자신보다 더 사랑하여라." 그녀는 이 말씀을 그대로 실천하고 행동에 옮겼다. 그녀가 일하던 집을 떠날 때가 가까워지면 그 집 가족들은 마리얌이 그녀 자신보다 그들을 더 사랑했다는 것을 깨달을 수 있었다.

21. 마리얌이 7년 동안 여러 집을 떠돌며 하녀로 일하다.

그녀는 왜 이집 저집을 전전했을까? 왜 그녀는 한 집에 오래 머물지 않았을까? 결론부터 내려보면 그녀의 겸손 때문이었다. 갈아입을 옷 한 벌 외에는 아무것도 없는, 극도로 궁핍한 상태로 그녀는 일을 할 집에 도착했다. 가난한 방랑자처럼 보여서 사람들은 그녀를 경멸했고 가장 천한 허드렛일을 맡겼다. 시간이 흐르면서 그녀가 솜씨 있게 일을 잘하고 친절하고 사람들의 마음을 잘 어루만져 준다는 걸 알게 되면서 그녀에게 애착을 갖게 될뿐만 아니라 그녀를 존경하기에 이른다. 이런 존경심이 뿌리를 내리려 할 때, 혹은 그녀를 우상화하려는 분위기가 감지될 때, 마리얌은 다른 곳으로 일자리를 옮겼다. 그녀는 교만 죄에 떨어지는 데 대한 지나친 두려움이 있어 칭찬을 아주 싫어했고 칭찬을 피해 도망 다녔다. 이런 이유로 이집 저집을 7년 동안 떠돌아다녔다. 그녀는 하녀로 일하는 곳마다 선행을 베풀었고 아픈 사람을 치유했으며 복음을 전해 주었다.

그녀는 간간이 아주 직선적이기도 했다. 악한 것을 보게 되면 그 사람에게 가감 없이 경고하곤 했다. 지위가 높은 사람에게도 죄를 짓지 않도록 경고하는 것을 두려워하지 않았다. 어떤 여인이 우아하고 값비싼 드레스를 입고 파티에 갈 준비를 하고 있었다. 마리얌은 그녀의 영혼이 아주 위험한 상태이고 간통죄를 짓는 그녀의 행실을 주님께서 매우 불쾌해 하신다고 경고했다. 그 여인이 귀족이었음에도 불구하고 마리얌은 훈계하는 것을 두려워하지 않았다. 마리얌에게는 주님과 주님의 영광이 제일 중요했고 나머지는 차순위였다.

12세부터 19세까지, 7년 동안 마리얌은 겸손과 애덕을 훈련하면서 여러 가정에서 하녀로 일했다. 그런 뒤, 동굴 속에서 자신을 돌봐주었던 그 수녀의 예언대로 그녀는 프랑스의 남부 마르세이유로 왔다. 그곳에서 나자드 가정의 하녀로 들어갔다. 마리얌이 하느님으로부터 초현실적인 은총을 받고 하느님과 신비스런 통교를 처음 시작한 곳이 프랑스 마르세이유에 있는, 바로 이 나자드 가정에서였다.

22. 마리얌이 4일간 지속되는 황홀경에 빠지다.

나자드 가정에서 일하는 동안, 마리얌은 두 시간이 넘는 긴 황홀경을 체험했다. 사람들은 처음에 그녀가 죽었다고 생각했지만 생기를 발산하는 그녀의 장밋빛 뺨은 그들을 당황하게 만들었다. 두 시간이 지나서 그녀가 깨어났다. 그 두 시간 동안 무슨 일이 있었는지 마리얌만이 알고 있었지만 그녀는 침묵했다.

그리고 얼마 지나지 않아서 이번에는 4일 동안 지속되는 황홀경에 들어갔다. 의사들은 그녀를 살리려고 필사적인 노력을 했다. 약도 먹였다. 의사들은 한결같이 "그녀에게 무슨 일이 일어났는지 우리는 설명할 수가 없다. 이런 경우를 전에는 본 적이 없다."라고 했다. 많은 세월이 흐른 뒤, 마리얌은 그때 무슨 일이 있었는지를 말해 주었다. 4일 동안 그녀의 영혼은 거룩하고 눈에 보이지 않는 신비로운 세계로 초대를 받았다. 마리얌은 예수님께서 말씀하신 팔복 중 하나인 하느님을 뵙는 복을 받은 것이다. "행복하여라, 마음이 깨끗한 사람들! 그들은 하느님을 볼 것이다."(마태 5, 8)

23. 우리는 천국에서 살기 위해 창조되었다.

순진무구한 영혼인 마리얌은 이 세상에서 이미 하느님과 동행하는 삶을 살았고 황홀경에 들어갔을 때에는 천상 세계를 보았다. 천상 세계는 우리의 감각기관을 통해 보고 만질 수 있는 현실보다 더 분명하고 더 확실하게 실재하는 세계이다. 거룩한 천국을 본 그녀는 사람들의 눈에는 보이지 않으나 분명하게 실재하는 천국을 증거하는 증인이 되었다. 그녀가 황홀경에 들어갔을 때, 복되신 어머니께서 그녀를 데리고 천국을 안내하셨고 연옥과 지옥도 보여주셨다.

마리얌의 이런 체험이 우리에게는 낯설기만 하다. 분명히 실재하지만 눈으로 볼 수 없는 천국은 오감으로 느낄 수 있는 것만 존재한다고 믿는 현대인에게 낯설다 못해 아예 없는 것처럼 되어버렸다. 특히 서양에서는 천국, 연옥, 지옥 등 보이지 않는 사후 세계에 대해 언급을 회피하는 것이 지식인답게 보인다는 암묵적인 합의가 이루어진지 오래 되었다. 놀림을 당할까 두려워서 혹은 아는 게 별로 없어서 그런 것에 대한 이야기를 꺼내지 않고 생각하는 것조차 회피한다.

그러나 마리얌은 우리가 천국에 살기 위해서 이 땅에 태어났다는 사실을 상기시키기 위한 예언자로서 이 세상에 왔다. 그녀는 또렷하면서도 어린아이 같은 목소리로, 천국을 본 선견자의 목소리로, 우리가 천국을 위해 창조되었고 예수님과 영원한 사랑의 결합을 위해 창조되었다는 사실을 일깨워 준다. 시편 저자는 "주님의 앞뜰을 그리워합니다."라고 노래했다. 우리의 의식은 모를지라도 우리 영혼은 천국이 그리워서, 너무나 그리워서 여위어 간다. 우리의 영혼은 주님을 열렬히 찾고 그분은 영원한 행복을 준비해 놓고 우리를 열절히 열절히 기다리고 계신다.

마리얌은 환시 속에서 영원불멸하신 주님을 만나 뵈었다. 또한 그녀는 그분 가까이에 있는 성인들의 영혼과 주님 가까이에서 살고 있는 천사들도 만났다. 그녀는 각 영혼들에게 부여된 영광도 보았다. 그것은 그 영혼이 지상에 있는 동안 주님을 위해 겪었던 일들과 하느님의 영광을 위해 견뎌 내야 했던 것들과 긴밀한 연관이 있었다. 아직 지상에 살고 있는 우리에게는 하느님을 선택하고 그분께 우리의 시간을 내어 드리고 그분의 사업에 협력하고 그분의 영광을 구할 시간이 남아 있어 참으로 다행한 일이 아닐 수 없다.

마리얌은 천국의 행복을 맛보았다. "왜 그녀일까?" "그녀에게만 왜 이런 특권이 부여된 것일까?" "왜 천국의 완벽하고 강렬한 행복을 그녀만 맛보게 되었을까?" "그녀는 되고 왜 나는 안되는가?"라는 질문이 생기는 것은 당연하다. 이 질문에 대한 해답을 명확하게 제시할 수는 없지만 분명한 것은 이것이다. 마리얌이 이런 행복을 맛본 것은 세상을 향해 천국을 이야기하도록, 주님께서 영원으로부터 그녀를 선택하셨기 때문이라는 것이다. 한마디로 이것은 주님의 은총이라고 말할 수 있다. 신비한 천국으로 초대되는 은총을 받은 사람은 극히 드물어서 지상에서 살면서 천상의 행복을 경험할 기회는 거의 없다. 그러나 마리얌은 지상에 살고 있는 사람들에게 천상의 행복에 대해 전달하도록 하늘의 청구서를 받은 것이다. 그리고 그녀는 최선을 다해 그 청구서의 요금을 지불했다. 열정을 다해 천국을 이 세상에 소개함으로써.

　교회에서 공인된 성모님의 발현을 기억해 보자. 성모님은 루르드, 라살레트, 파티마에서 얼마나 자주 한결같이 인생의 최종 목적에 대해 말씀하셨던가? 성모님은 얼마나 자주 사람은 죽어 없어질 것들을 위해 만들어지지 않았다고 깨우쳐 주셨던가? 사람은 몇 분 후, 몇 시간 후, 몇 년 후에 사라져 버릴 것들을 위해 살도록 만들어지지 않았다. 각자의 영혼은 완전한 자유 의지로 자신의 영생을 선택하고 자신의 영생을 위해 살아 있는 동안 준비를 해야 한다. 지상 삶에서 가장 중요한 것은 바로 이것이다. 그러나 모든 사람에게 제일 중요한 문제인 영생에 대해서는 주일 강론에서 거의 다루어지지 않는다. 영생에 대해 무지하면 이 세상을 어떻게 살아야 할지 모르기 때문에 영생에 관한 강론이 활발해져야 한다. 메주고리예 성모님께서 말씀하셨다. "예수님 없이는 이 세상은 희망이 없다." 이 역시, 사람은 천국에 살기 위해 창조되었다는 또 다른 표현이다.

24. 최상의 보험은 천국을 준비하는 것이다.

　서양은 보험 천국이다. 보장이 잘 되는 든든한 보험을 찾는데 많은 시간을 할애한다. 주택 보험과 건강 보험은 기본이고 보석 보험, 여행 보험, 심지어 반려견 보험도 있다. 각종 보험을 살펴보고 선택하기 위해 많은 시간을 낭비한다. 보험도 물론 쓸모가 있다. 그러나 보험이 살아 생전에 당하는 불행을 어느 정도 막아준다 해도 사람은 결국 죽을 수밖에 없다. 죽음 이후에 자신을 기다리고 있는 게 무엇인지 생각하면서 사는 게 지혜로운 삶이다. 죽음에 대한 대책은 하루에 1분도 생각하지 않으면서 보석과 주택 보험에만 관심을 기울인다는 것은 자신은 죽지 않고 이 땅에서 영원히 살 것 같은 망상에 사로잡혀 있는 것과 다를 바 없다. 반드시 죽어야 할 운명인 인간이 살아 있는 동안의 안전장치인 보험에만 매달린다는 것은 두 눈을 갖고서 한쪽 눈만 사용하겠다는 말도 안되는 억지이다. 살아 있을 때에만 유용한 보험 계약서를 잔뜩 쌓아 놓고 죽음에 대해서는 아무런 준비없이 죽음을 맞이하는 사람이 인생을 가장 어리석게 마감하는 사람이 아닐까?

마리얌은 눈에 보이는 모든 것은 사라지고 그렇게 공들여 선택한 보험도 없어진다는 것을 우리에게 상기시켜 준다. 심지어 보험 회사도 언젠가는 없어질 수 있다. 정권이 바뀌어도 없어질 수 있고 전쟁이 터지거나 자연재해가 생겨도 없어질 수 있다. 보험 증권들은 언제라도 물거품이 되어 우리를 실망시킬 수 있지만 현대의 물질 문명이 줄 수 없는 영원한 것에 우리를 맡기면 우리는 영원한 행복으로 보답 받게 될 것이다.

우리의 영혼은 영원을 갈망한다. 우리의 주변을 빈틈없이 빼곡히 둘러싼 현대의 물질 문명은 직간접적으로 영생을 부정하지만 사람은 영생을 위해 창조되었다. 우리의 가장 은밀하고 깊은 내면에는 영생에 대한 갈증이 자리잡고 있다. 마리얌은 그것에 대해 잘 알고 있었다. 성모님은 마리얌에게 영원한 지복에 들어간 성인들을 보여줌으로써 그녀의 영혼이 영생에 대한 관심으로 불붙게 하셨다. 성모님께서는 그녀의 심장을 정면으로 겨누시고 과녁을 정확하게 맞추시어 성령의 불이 확실하게 붙어 활활 타오르게 하셨다. 성령께서는 그녀를 휘감으셨고 그녀의 존재를 관통하셨다. 마침내 그녀의 영혼은 성령의 불에 녹아버린 밀납처럼 되었다. 그리고 말랑말랑한 밀납 위에 천상의 인장을 찍으셨다. 마리얌이 살아있는 동안, 천상의 것을 본다는 꼬리표가 그녀를 항상 따라 다녔다. 그녀의 눈은 천국에 고정되어 있어서 천국에서 살고 천국을 누렸다. 성령의 불에 의해 그녀는 활활 불타고 있었기 때문에 그녀가 본 천국을 사람들에게 널리 그리고 아주 잘 전해 주었다.

25. 천국과 영원한 행복은 존재한다.

마리얌은 성령의 불에 의해 활활 타올랐다. 그토록 강한 사랑의 불이란 대체 어떤 것일까? 그 불이 너무나 강해서 그녀는 어떤 시련도 절대 두려워하지 않았다. 성령의 불은 그녀를 완전히 변화시켜 순교조차 두려워하지 않게 만들었다. 그녀는 질병을 앓는 것도 두려워하지 않았고 진리를 선포함으로써 조롱받는 것도 두려워하지 않았다. 물론, 영혼들을 얻기 위해 수천 번 죽는 것도 두려워하지 않았다. 하느님을 위해 수백, 수천, 수만의 영혼들을 얻을 수 있는 기회가 오면 그녀를 물러서게 할 수 있는 것은 아무것도, 정말 아무것도 없었다. 천국을 짧게 방문하는 동안 언뜻 본 천상 행복을 이 세상에 살고 있는 영혼들이 깨닫도록 도와주는 것은 그녀의 가장 큰 기쁨이었다.

마리얌은 우리에게 무슨 말을 하고 싶었던 것일까? "천국은 존재한다. 영원한 행복이 실제로 존재한다. 천국은 있다. 얇은 베일이 우리를 천국과 분리시키고 있을 뿐이다. 천국은 바로 우리 앞에 있다!"라고 그녀의 삶이 말해주고 있다. 회의적이고 우울한 철학과 세상적인 관심에 국한된 사고와 지상 세계 외에는 아무것도 없다고 믿게 하는 무신론적이고 오류투성이인 이론에 둘러싸여 있는 우리를 그냥 내버려둔다면 우리의 삶은 깊은 어둠 속에 빠져드는 것으로 끝날 것이다.

마리얌은 성경에서 말하는 것처럼 영원한 세상이 존재한다고 우리에게 말해준다. 그녀는 베르나데트 성녀와 어떤 면에서 닮아 있다. 베르나데트 성녀는 이론이 아니라 자신의 눈으로 본 것과 자신의 마음이 경험한 신앙 체험을 우리에게 전해 주었다. 그녀의 체험은 어떤 신학 이론보다도 더 가치있고 명쾌한 신앙의 진리를 우리에게 알려 준다.

26. 연옥 영혼들이 마리얌을 방문하다.

불쌍한 연옥 영혼들이 마리얌을 방문하러 왔고 그녀는 연옥 영혼들과 이야기를 나누었다. 연옥의 영혼들뿐만 아니라 천국의 행복한 영혼들도 그녀를 찾아와 그녀와 마음을 터놓고 친근하게 이야기를 나누었다.

마리얌은 연옥을 둘러 보았으며 그곳에서 하느님으로부터 엄청난 은총을 받았다. 그 은총은 변환의 빛(transforming light)이다. 하느님으로부터 오는 모든 빛은 마음을 변환시킨다. 연옥에서 큰 고통을 받고 있는 영혼들을 만난 마리얌은 그들에 대해 연민과 동정심이 생겼다. 그녀는 고통받고 있는 연옥 영혼들을 돕겠다는 열정으로 불붙었다. 그 당시에는 연옥 영혼들이 자신들을 기꺼이 도와줄, 지상에 사는 사람을 방문하는 것은 간간이 있는 일이었다.

가르멜 수녀회에 입회한 어떤 수녀의 아버지가 신앙이 없는 상태로 사망했다. 그는 병자 성사와 교회로부터의 모든 도움을 끝까지 거절했다. 그는 좋은 사람이었지만 자신의 영혼에 대해서는 별 관심이 없었다. 이 가르멜 수녀는 아버지의 영원한 운명에 대해 많은 걱정을 하고 있었다. 정작 이 수녀는 알지 못했지만 그녀의 돌아가신 아버지는 마리얌을 방문해 자신이 연옥에서 고통받고 있다며 자신을 위해 기도해 달라고 청한 것이다. 그는 죽기 전에 병자 성사를 거부했음에도 불구하고 임상적으로 사망이 선고된 최후의 순간에 빛을 보았다고 말했다. 그 빛의 도움으로 그는 회개했고 지옥행을 면했다.

하느님만이 죽음의 순간에 한 영혼의 마음 속 깊은 곳을 볼 수 있기 때문에 사람의 최종 운명을 결코 추측해서는 안된다. 최후의 순간, 하느님께서는 넘치는 은총을 베푸시어 영혼들이 회개하고 하느님께 돌아올 수 있도록 빛을 선택할 수 있게 도와주신다. 죽은 영혼들을 위한 중재 기도가 절실히 요구되는 순간이 바로 이때이다.

그는 그 순간의 회개 덕분에 지옥을 면할 수 있었지만 아직 연옥에 있기 때문에 기도를 청하기 위해서 왔다고 했다. 마리얌은 그 남자의 딸인 가르멜 수녀 마더 엘리에게 이 이야기를 전해 주었다. 마더 엘리는 소리쳤다. "그러나 저는 그 이야기를 믿을 수가 없어요. 이것이 진정 주님으로부터 온 것이라면 제 아버지의 이름을 말해주세요!" 마리얌이 대답했다. "그분의 이름은 로이히입니다!" 로이히는 마더 엘리의 아버지 이름이었는데 아무도 모르고 있었다. 연옥에 있는 아버지가 마리얌을 방문했었다는 부정할 수 없는 증거를 얻은 그 가르멜 수녀는 자신의 아버지가 미사 여러 대와 9일 기도를 해 달라고 요청했기 때문에 원하는 대로 해드렸다. 미사와 9일 기도가 끝나자 그는 마리얌을 다시 찾아와, "연옥의 고통이 끝났어요. 저는 이제 천국에 들어왔습니다!"라고 했다.

27. 감춰 둔 5프랑 때문에 깊은 연옥에 떨어지다.

어떤 수녀의 영혼이 마리얌을 찾아와 자신이 깊은 연옥의 처참한 고통 속에 있다고 호소하며 그 이유를 말해 주었다. "저는 지상에서 살 때, 수녀원에 입회했습니다. 공동체가 어려운 상황에 처할 경우를 대비해 5프랑짜리 동전을 아무도 모르게 숨겨 두었어요. 물론 장상에게도 알리지 않았죠. 죽을 때까지 저는 그 동전을 숨겨 두었어요." 이 수녀는 세속과의 완전한 이탈과 가난을 서약했음에도 불구하고 서약을 지키지 않았고 장상에게도 순명하지 않았다. 게다가 임종 때조차 자신의 잘못을 인정하지 않을 정도로 고집스러웠다. 그런 연유로 오랫동안 연옥의 고통 속에 있었던 그녀는 연옥을 벗어날 수 있도록 마리얌에게 기도를 요청하면서 5프랑짜리 동전을 어디에 숨겼는지 알려 주었다. 그 당시에는 꽤 큰 돈이었던 5프랑은 죽은 수녀가 말한 장소에서 찾을 수 있었다. 주님께서 마리얌을 찾아오신 것은 이런 구체적인 일을 하시기 위해서였다. 마리얌은 자신을 찾아온 연옥 영혼들을 통해 돈이나 물질에 대한 애착으로 고의적인 죄를 저지르고 죽은 후, 하느님 대전에서 얼마나 비참한 상태가 되는지를 알게 되었다.

28. 중재 기도와 선행은 연옥을 벗어나게 한다.

친정이 매우 부유했고 자신의 사유 재산도 상당히 많았던 어떤 수녀가 있었다. 반대로 그녀가 소속된 수녀원은 매우 가난했다. 이 수녀는 수녀원장이 되고자 하는 욕심이 있었는데 원장으로 선출되지 않자 그들에게 복수할 계획을 세웠다. 재산을 처분해야 할 시기가 되자, 가족들에 대한 사랑이 아니라 원장으로 선출되지 않은 것에 대한 앙심 때문에 그 재산을 정말 필요한 자신의 수도회에 주지 않고 넘치도록 부유한 자기 가족들에게 주겠다고 결정했다. 여러 해가 지나자, 그녀는 섭섭한 마음을 가라앉히고 동료 수녀들에게 용서를 청했다. 그러나 자신의 행동에 대해서 진심으로 회개하지 않았고 수도자로서 평생을 살면서도 이 상처를 해결하지 못하고 자기애에서 벗어나지도 못한 채 죽었다. 당연히 연옥에서 고통을 받고 있었고 연옥에서 하루 빨리 해방될 수 있도록 기도를 청하기 위하여 마리암을 찾아왔다.

또 다른 수녀는 주변의 동료 수녀들에게 성인처럼 보였다. 그녀를 성인으로 생각했기 때문에 사람들은 그녀의 영혼 구원을 위해 기도를 많이 하지 않았다. 정말 죽은 사람에게 가장 나쁜 것은 그들을 너무 일찍 맘대로 성인품에 올려 천국에 간 것으로 간주해 중재 기도의 도움을 못 받게 하는 것이다. 이 수녀는 거룩하게 보였지만 동료 수녀들을 장상에게서 돌아서게끔 뒤에서 은밀하게 조종했으며 장상에 대한 반항심을 갖고 죽었다. 마리얌에게 도와줄 것을 호소하기 위해서 연옥 깊은 곳에서 온 그녀는 말했다. "장상에게 반항하는 사람은 하느님께 반항하는 것입니다."

죽기 전에 회개하는 것이 백번 쉬운 일이다. 살아 있을 때 회개해야만 하느님 앞에 섰을 때, 덜 비참하다는 것을 꼭 기억해야 한다.

지옥의 아주 가까운 곳까지 갔던 어떤 여인이, "오로지 자녀들의 기도와 하느님의 자비 덕분에 구원되었다."고 했다. 자녀들이 엄마를 위해 엄청나게 많은 기도를 했고 그들의 중재 기도 덕분에 하느님과 영원히 분리되는 지옥을 면할 수 있었다. 그녀는 자신의 뜻을 이루기 위해 평생을 살아 왔기 때문에 자녀의 기도가 없었다면 지옥으로 가는 것이 마땅하다고 마리얌에게 말해 주었다.

평범하고 미지근한 삶을 살았던, 다시 말하면 주님을 위해 힘껏 노력한 적이 없었던 어떤 연옥 영혼은 단 한 번 성전 건축에 참여하여 많은 건축 헌금을 봉헌한 적이 있었다. 그 한 번의 봉헌으로 말미암아 방금 연옥에서 벗어나 천국으로 들어갔다고 마리얌에게 알려 주었다. 그녀가 연옥을 떠나 천국으로 들어간 날은, 바로 그 성전을 봉헌한 날이었다. 주님께서는 그녀의 후한 봉헌을 잊지 않고 기억하셨던 것이다.

29. 우리는 천국에서 왔고 천국으로 돌아가야 할 운명이다.

천국, 연옥, 지옥은 옛 이야기라고 치부하는 사람들이 있다. 그럼에도 불구하고 천국과 연옥과 지옥은 엄연히 실재한다. 하느님께서 영혼들을 연옥으로 보내시는 것이 아니며 연옥은 하느님께서 사람들을 벌하시는 장소도 아니다. 사랑과 자비의 하느님께서 연옥을 지으신 것은 바로 그분의 사랑과 자비에서 비롯된 것이다.

우리는 하느님을 위해 만들어졌다. 우리는 하느님과 한없이 순수한 관계, 즉 사랑하는 관계를 맺도록 창조되었다. 지상에서의 시간은 회개하여 하느님께로 돌이키고, 하늘나라의 일에 봉사하고, 하느님과의 사랑을 성장시키도록 주어진 것이다. 우리 자신을 세상 것들로 꽉 채우다 보면 우리의 본질이 불멸의 영혼이라는 것을 잊어버린다. 성모님께서 메주고리예에서 말씀하시듯이, "너희들은 많은 것에 몰두하면서 영혼에 대해서는 가장 적은 관심을 갖고 있구나!" 하느님 앞에 서기 전에 지상에서 충분히 정화될 기회를 주시고 계심에도 불구하고 정화를 연기하고 있는 것은 우리 자신이다. 십자가의 성 요한은 말한다. "우리를 정화하도록 하느님께서 주시는 모든 기회를 받아들이고 그분께서 허락하시는 시련을 고통이 아니라 감사하는 마음으로 환영한다면 우리는 바로 천국으로 들어갈 것이다. 하느님께서 살아있는 우리에게 허락하시는 시련들은 우리가 겪어야 할 연옥 고통을 대신해서 주시는 것이다."

30. 연옥은 하느님을 사랑하는 영혼들이 정화되는 곳이다.

삶에서 고통을 만날 때, 우리는 하느님께 불평하고 투덜거리고 때론 맞서 싸우기도 한다. 우리의 십자가에 격렬하게 항의할 때도 많다. 시험을 당할 때는 가끔 신성 모독도 서슴지 않는다. 단 한 번뿐인 삶을 하느님의 영광을 위해 살지 않고 나의 욕망을 채우기 위해 사는 것을 당연시하는 세상에 살고 있고 그런 세상 풍조에 물들어 있기 때문에 하느님의 뜻은 안중에도 없는 것이다.

죽음의 시간이 닥쳤을 때, 그렇게 많은 정화의 기회를 놓친 우리는 정화되지 못한 채로 하느님 앞에 서게 된다. 주님의 크신 자비로 영혼들에게 정화의 시간이 또 한 번 주어진다. 지상과 천국의 중간 단계인 연옥에서 정화될 수 있는 또 한 번의 기회가 부여되는 것이다.

연옥에서 영혼들을 정화시키는 것은 주님의 벌이 아니다. 죽는 순간 알게 되는 사랑 자체이신 하느님을 뵙지 못하는 고통, 바로 그 고통이 연옥 영혼들을 정화시키는 것이다. 연옥 영혼들을 정화시키는 도구는 하느님께 대한 그들의 사랑인 것이다.

죽는 순간에 아무도 예외없이 모든 사람은 하느님을 만난다. 사랑이신 하느님 앞에서 우리에 대한 하느님의 사랑을 그제서야 깨닫고 지상에서 살 때, 사랑이신 그분을 너무나 적게 사랑한 것이 견딜 수 없는 슬픔으로 다가온다. 연옥은 그토록 사랑하는 하느님을 뵙지 못하는데서 오는 사랑의 고통을 겪는 곳이다.

연옥 영혼들은 영원한 사랑과 하나가 되고자 하는 강한 열망으로 고통을 달게 받는다. 그들은 지상으로 돌아가기를 결코 원치 않는다. 연옥 영혼들은 영원한 생명에 대한 확신으로 연옥 고통을 불평없이 받아들인다. 지옥에 가지 않고 연옥 보속 후, 천국에 갈 수 있는 것을 엄청난 행운으로 생각한다. 연옥 영혼들은 연옥의 고통이 끝나면 하느님과 함께 영원히 있을 것을 알고 그런 확신 때문에 고통 가운데서도 기뻐하고 있다. 그러나 연옥은 사랑하는 하느님을 아직 뵐 수 없기 때문에 어두운 밤과 같은 장소이기도 하다. 신비가들에 따르면, 하느님을 뵙지 못하는 것이 지상에서의 가장 큰 육체적 고통보다 더 심한 고통을 가져온다고 한다. 연옥에서 하느님과의 단절된 시간을 보내야 하는 것은 비록 짧은 시간이라 하더라도 고문과 다를 바가 없다. 사랑 자체이신 하느님을 알아본 사람들만이 하느님과 단절된 연옥 영혼들의 고통을 이해할 수 있다. 연옥 영혼들에게는 하느님을 뵐 수 없다는 것 자체가 가장 큰 괴로움이기 때문에 하느님을 만나기 위해 필요한 연옥 고통을 기꺼이 받아들인다.

하느님의 특별한 은총으로 천상을 방문한 여러 증인들과 베들레헴의 마리암, 시에나의 카타리나, 파우스티나 성녀는 연옥 영혼들이 우리의 기도를 간절히 기다리고 있다는 것을 상기시켜 준다. 하늘로 먼저 돌아간 사랑하는 사람들의 연옥 고통을 빨리 끝내기 위해서 기도를 통해 도울 수 있다. 성체 조배 한 시간을 봉헌하거나 미사를 드리는 것으로 연옥의 고통에서 풀려나게 할 수도 있다. 연옥을 보았던 메주고리예 목격 증인 비츠카 이반코비치는 말한다. "수녀님이 고통받고 있는 연옥 영혼을 한 번이라도 보셨다면 단 하루도 그들을 위해 기도하는 것을 잊지 않을 거예요! 수녀님은 연옥을 비우고 싶어 할 거예요!"

교황 요한 바오로 2세는 2000년 대희년 권고문에서, 기도는 우리에게 소중한 사람들을 구원할 힘이 있고 천국을 간절히 열망하고 있는 연옥 영혼들의 행복을 앞당길 수 있다고 강조하고 있다.

마리얌은 살아 있을 때, 연옥 고통을 받는 사람들에 대한 큰 동정심으로 그들을 구하기 위해 최선을 다해 기도했다. 지금은 천국에서 연옥 영혼들을 위해 온 힘을 다해 기도하고 있을 그녀를 상상하기란 어려운 일이 아니다.

31. 마리얌이 성 요셉 발현 수녀회에 입회하다.

19세의 그녀는 '성 요셉 발현 수녀회'의 수녀들과 함께 마르세이유에서 살고 있었다. 그녀는 부엌에서 주방 보조로 단순하지만 가장 힘든 일을 맡았다. 하느님께서는 부엌에서 함께 일하는 동료를 특별히 심술궂은 수녀로 안배하셨다. 그녀는 마리얌을 몹시 괴롭혔고 천 가지 방법으로 모욕했으며 없는 일을 지어내어 거짓 고발을 하기도 했다. 마리얌은 이런 갖가지 어려움을 인내, 용서, 애덕, 자아 포기의 기회로 삼았다.

32. 마리얌에게 성흔(Stigmata)[4]이 나타나다.

마르세이유의 성 요셉 발현 수녀회에 있을 때, 그녀의 몸에 성흔이 나타났다. 기도 중에 성흔을 받아, 그녀의 손 안에 '십자가에 못박히신 예수님'의 모습을 지니게 되었다. 하느님께서는 마리얌이 십자고상을 애절하게 바라보며 십자가 위에서 고통당하시는 예수님을 향한 연민과 사랑이 절절한 것을 보시고 마리얌의 몸에 성흔이 새겨지는 것을 허락하셨다. 예수님의 고통을 깊이 동정하는 마리얌의 기도가 하느님의 눈길을 끌었던 것 같다. 성흔이 깊은 신비 생활의 특별한 표징이긴 하나 눈에 보이는 이런 놀라운 현상이 신비 생활의 전부는 물론 아니다. 신비 생활의 본질은 주님과 한 영혼의 온전한 일치에 있다.

세인들에게 알려지지 않은 위대한 신비가들이 있다. 주님께서는 그들을 세상 사람들의 눈으로부터 꽁꽁 숨겨 두셨다. 그렇게 주님과 완전히 일치된 영혼들이라고 해서 반드시 눈에 보이는 신비한 현상을 몸에 지니고 있는 것은 아니다. 그러나 예수님

---

4) 성흔(Stigmata) : 예수님께서 수난당하실 때 손, 발, 옆구리에 받은 것과 동일한 상처가 외적인 원인을 수반하지 않은 상태에서 나타나는 초자연적 현상을 말한다.

께서는 다른 신비가들과는 달리 마리얌에게 당신의 마음과 그녀의 마음이 완전히 하나로 결합되었음을 드러내시기 위해 성흔이라는 눈에 보이는 표시를 그녀의 몸에 새기기를 원하셨다.

33. 예수님의 심장과 마리얌의 심장이 하나로 결합되는 트랜스버버레이션(transverberation)[5]의 은총을 입다.

성흔을 받은 지 얼마 안 되어 그녀는 '트랜스버버레이션(transverberation)'의 은총까지 부여받게 된다. 이것은 예수님의 심장과 마리얌의 심장이 하나로 결합되는 것을 말한다. 마리얌이 '트랜스버버레이션(transverberation)'의 은총을 받은 이후, 그 신비적인 현상은 그녀의 생애 동안 지속되었다. '트랜스버버레이션'은 몇몇 성인들만 받았던 아주 특별한 은총이다. 아빌라의 데레사, 시에나의 카타리나 성녀 등이 이와 같은 은총을 받았다.

예수님의 명령을 받은 세라핌 천사가 당신 제자의 심장을 찌르고 그 표시를 심장에다 새겨 놓음으로써 '트랜스버버레이션'이 시작된다. 그때부터 성인의 심장은 더이상 자신의 심장이 아니라 예수님의 심장이 된다. 마리얌의 가슴속에서 불타오르는 지극한 사랑은 예수님의 심장으로부터 왔다. 모든 사랑의 근원

---

5) 트랜스버버레이션(transverberation) : 성인의 심장이 세라핌 천사의 사랑의 불화살에 의해 찔리는 현상. 십자가의 성 요한에 의하면, "그 영혼이 하느님에 대한 사랑으로 불타오를 때 일어나는 현상으로, 세라핌 천사가 사랑으로 불붙은 화살이나 다트로 그 영혼을 찌르는 것처럼 느껴진다."

지인 그리스도의 심장이 그 출처인 것이다. 마리얌에게 폭포같이 퍼부어진 하느님의 은총으로 말미암아 그녀에게 성흔이 새겨졌고, 그녀의 심장 안에 예수님의 심장을 갖게 되었고, 그녀는 '탈혼'이라고 부르는 황홀경에 자주 빠져 들었다.

34. 마리얌이 탈혼 상태에 빠지다.

베들레헴의 가르멜 수녀회의 증언에 의하면, 마리얌은 소임 중일 때나, 기도 중일 때나, 그분이 부르시면 언제든지 즉각적으로 그분을 관상하고 그분과 친교를 나누면서 몇 시간 또는 하루 종일 탈혼 상태에 있었다고 한다. 탈혼 상태에서는 그분의 수난, 그분의 열망, 그분의 기도와 하나가 되어 있었으므로 그녀의 주변에서 일어나는 바깥 세상에 대한 의식이 전혀 없는 상태였다.

그녀가 탈혼 상태에 있을 때, 하느님께서는 외부에서 일어나는 일들에 대해서 그녀가 아무것도 알 수 없도록 하셨다. 탈혼 상태에 들어간 지 몇 시간이 흘러 그 사이에 있었던 수녀원 일과인 성무일도, 오락 시간, 식사 시간을 빼먹기 일쑤였다. 그런 것에 대해 주의를 기울이도록 훈계를 들을 때마다 그녀는 몹시 혼란스러웠다. 그러나 그녀는 탈혼 사실을 감추기 위해 할 수 있는 모든 것을 다했다. 수녀원의 일과에 결석한 이유를 설명해야 할 때, "저는 탈혼 상태에 있었습니다."라고 하지 않고 "낮잠을 잤어요."라고 하거나, 장상에게 "제가 잠이 들지 않도록 해주세요."라고 청했다. 그것은 "제가 탈혼 상태에 들어가지 않도록 해주세요."라는 말의 우회적인 표현이었다. 그녀는 신비 체험으로 인해 다른 수녀들과 달리 행동하여 모욕을 받아야 했고 그럴 때마다 매우 곤혹스러워 했다. 놀라운 신비 현상을 체험하면서도 그녀가 이렇게 늘 겸손했다는 것은 진정 예수님과 일치되어 있었음을 보여주는 것이다.

성 요셉 발현 수녀회의 착복식 날이 가까워졌으나 그녀에게는 착복식을 할 수 없다는 결정이 내려졌다. 장상들이 볼 때, 그녀가 성 요셉의 수녀회의 사도 직무에 맞지 않는 특성을 너무 많이 가지고 있다는 게 이유였다. 그녀는 너무 신비적이었던 것이다. 성 요셉 발현 수녀회 평의회에서는 좀 더 관상적인 수녀회로 그녀를 보내기로 결정했다.

35. 포(Pau)의 가르멜 수녀원에 입회하다.

그녀가 성 요셉 발현 수녀회를 떠나서 프랑스 포(루르드 근처)의 가르멜 수녀원에 들어간 것은 20세 때였다. 가르멜 수녀원에 도착한 순간부터 그녀는 물 만난 고기처럼 편안해졌다. 침묵, 고행과 겸손, 순명 실천 등 가르멜 수녀원의 규칙은 그녀가 그토록 갈망하던 바로 그 생활이었다. 그녀에게 가르멜 성소는 정말 안성맞춤이었다. 그녀는 '가대 수녀(choir sisters)[6]"가 되려고 노력했다. 그러나 읽기와 쓰기가 안되어 전례를 배울 기초 능력이 없어서 성무일도를 노래할 수가 없었다. 결국 '조수녀(converse sisters)'의 역할이 주어졌다. '조수녀'가 된다는 것은 수도원의 부엌일, 정원 가꾸기, 세탁 및 옷 수선 등 모든 힘든 일을 하고 공동체에 필요한 것을 구매하는 일까지 해야 했다. 그녀는 바깥 세상과 접해야 했으나 천사처럼, 기꺼이 수녀원의 하녀가 되었다.

마리얌에게 있어 매우 중요한 일이 일어난 것은 이곳 포의 가르멜 수녀원에서였다. 그녀와 악의 대결전이 포에서 벌어졌던 것이다.

36. 마리얌, 인도 망갈로르 수녀원 설립자 중 한 명이 되다.

포 수녀원은 인도에 가르멜 수녀원을 설립하기로 결정했다. 가르멜 수녀원을 세워달라고 요청한 사람은 당시 인도 교구에서 사목하던 가르멜 사제, 마리 에프렘 몬시뇰이었다. '십자가에 못박히신 예수의 마리아 수녀'도 그 사명을 수행하기 위해 떠난 일행 중에 포함되어 있었다. 여행은 매우 험난했고 세 명의 수녀는 인도에 도착하기 전에 사망했다. 당시만

---

6) 현대의 수도회에서는 낡은 전통으로 치부하지만, 예전의 수도 공동체에서는 가대 수녀(choir sisters)와 조수녀(converse sisters, lay sisters)로 나뉘었으며, 가대 수녀는 성무일도를 하고 조수녀는 규칙은 똑같이 지키지만 가대에서 성무일도를 하지 않고 수녀원에서 필요한 노동과 업무를 담당했다.

해도 그런 항해는 수개월이 걸렸다. 그렇게 먼 장소까지 여행하기 위해서는 배고픔, 익사, 전염병, 해적 등 수많은 위험을 감수해야만 했다. 마리얌 수녀는 이런 불행을 다 피하여 망갈로르 수녀원의 설립자에 포함되었다. 그녀가 종신 서원을 한 것은 바로 망갈로르의 가르멜 수녀원이었다.

37. 마리얌이 망갈로르 가르멜 수녀원으로부터 추방되다.

종신 서원을 마친 마리얌 수녀가 끔찍한 시험을 겪은 것도 바로 이 수녀원에서였다. 포의 수녀원에서 동료 수녀들의 사랑과 존경을 받았다면 망갈로르에서는 주님께서 그녀를 위해 다른 계획을 갖고 계셨다. 주님은 그녀에게 끔찍한 고통을 허락하셨는데 그분께서 지상에서 받았던 고통들 가운데 한 가지였다. 그분이 동족들에게 배척을 받았듯이 그녀는 수도회의 장상들로부터 배척을 받았다.

대사제, 율법학자와 바리사이로 구성된 산헤드린의 의원들은 예수님을 신성 모독이라는 죄목으로 고소했고, 예수님은 동족들에게 배척당하시고, 사형 선고를 받으시고, 수난당하시고, 십자가 처형을 당하셨다. 이름에서부터 그리스도의 수난과 특별한 결합을 뜻하는 '십자가에 못박히신 예수의 마리아 수녀'는 이런 내적 순교를 하도록 예정되어 있었던 것 같다. 그것이 그녀의 소명이 아니었을까? 그녀는 망갈로르 가르멜 수녀원에서 철저히 배척을 당하고 포로 추방되었다.

수개월 동안 망갈로르 가르멜 수녀원 전체와 원장 수녀, 그 지역의 주교까지 포함해서 모든 사람들이 '십자가에 못박히신 예수의 마리아 수녀'는 영적인 망상 속에서 살고 있으며 그녀의 메시지는 마귀로부터 왔다고 선언했다. 그녀에게 일어나는 모든 신비스런 일이 사탄의 부추김이라고 그들은 진심으로 믿었다. 그래서 그녀는 전염병의 희생자처럼 망갈로르 수녀원으로부터 추방되어 포로 돌려 보내졌다.

38. 마리얌에 대한 오해가 풀리다.

이런 어둠의 시간에도 마리얌은 완전한 평화 가운데 있었다. 그녀는 망갈로르에서 추방되어 포의 수녀원으로 돌아왔다. 대단히 영웅적인 태도로 이런 시련을 겪어낸 다음, 이번에는 분위기가 그녀에게 아주 호의적으로 반전했다. 진실을 못 보도록 장상의 눈을 일시적으로 가리셨던 주님께서 진실이 빛 아래 환하게 드러나도록 하셨던 것이다.

망갈로르 수녀원장은 성령에 의해 마리얌 수녀의 특별한 은총이 하늘로부터 왔음을 깨닫고 포의 가르멜에 편지를 썼고 '십자가에 못박히신 예수의 마리아 수녀'에게 자신이 깨달은 바를 설명하면서 용서를 구했다. 망갈로르 수녀원장은 자신이 실수를 했으며 잘 하려는 노력이었지만 영적 식별을 잘못했다고 겸손하게 인정했다. 그녀는 마리암에게 선언했던 부정적 판단을 모두 철회했다. 진실이 마침내 승리했다. 마리암은 복권되었고 그녀의 명성은 회복되었다.

그녀는 수도 공동체의 인정 속에서 다시 가르멜 수녀원에서 평화롭게 살 수 있게 되었다. 주님께서 마리암에게 이런 시련을 허락하신 것은 그녀의 영적 성장을 위해서였다. 그분은 당신의 정배를 강하게 만들어서 또 다른 수녀원을 세우도록 준비시키고자 하셨던 것이다. 하느님께서는 마리암에게 무슬림 지역에 새로운 가르멜 수녀원의 설립을 맡기셨다.

39. 천국과 지상의 공조로 베들레헴의 가르멜 수도원의 설계도가 완성되다.

마리암에게 무슬림의 거주지역인 팔레스타인에 하나도 아니고 두 개의 가르멜 수녀원을 건립해야겠다는 영감이 계속적으로 떠올랐다. 그것은 상식적으로 도저히 있을 수 없는 말도 안 되는 일이었다. 19세기말 팔레스타인은 터키 정부 치하였고 그곳에 가톨릭 관상 수도원을 설립한다는 것은 아무도 상상조차 할 수 없는 일이었다. 절대 불가능한 일이 마리암의 마음속에 떠올랐던 것이다.

그러던 중 마리얌은 예수님으로부터 그곳에 두 개의 가르멜 수녀원을 세우라는 분명한 명령을 받았다. 하나는 베들레헴, 또 다른 하나는 나자렛에 가르멜 수도원의 설립을 원하셨다. 주님께서 베들레헴에 대해, '나의 조상 다윗의 요람'이라고 분명하게 말씀하셨다. 그리고 아주 특별한 일이 일어났다. 예수님께서 마리얌의 방으로 일곱 번이나 찾아오셔서 베들레헴의 수도원을 어떤 형태로 지어야 하는지 직접 보여 주셨다.

예수님께서 베들레헴의 가르멜 수도원을 어떻게 지어야 할지 마리얌에게 보여주시기 위해 일곱 번이나 그녀의 방에 나타나셨다는 것은 정말 놀라운 일이 아닐 수 없다. 예수님께서 그녀에게 수도원 전체 모습을 보여 주신 다음, 그녀의 눈앞에서 수도원의 정문을 열고 내부를 볼 수 있게 해 주셨다. 수도원은 중정이 있는 원형 건물이었다. 마리얌은 다른 사람들의 도움을 받아 예수님께서 보여 주신 대로 건축 설계도를 제작했다. 주님의 뜻에 따라 수도원의 최종 건축 설계도가 그려졌고 그녀는 당연히 그 설계도의 모든 치수와 세부 사항을 다 알고 있었다. 수도원은 탑 모양이고 경당과 외부 건물들은 마치 별로부터 퍼져 나오는 광선처럼 배치되었다. 로마로부터 승인을 받는 방법과 총대주교에게 알리는 방법에 대해서도 예수님께서 알려 주셨다. 수도원 건축 허가를 받는 과정도 작은 기적들의 연속이었다. 한마디로, 천국과 지상의 긴밀한 공조로 베들레헴에 가르멜 수도원이 세워진 것이다.

40. 베들레헴의 가르멜 수도원이
   예수님 재림 때까지 건재할 것을 약속받다.

마리얌은 몇 명의 수녀와 함께 이 수도원을 세우기 위해 성지로 파견되었다. 베들레헴의 수녀원은 현존하는 건물이다. 수녀원은 탑처럼 생겼고 매우 견고한 요새처럼 지어졌다. 주님께서 그 이유를 말씀해 주셨다. 그곳은 가르멜에 신비롭게 봉헌된 모든 영혼들을 보호하기 위해, 또 빛의 승리를 되찾기 위해 마리얌이 악과 대항해서 싸울 투쟁의 장소가 되어야 하기 때문이라고 하셨다. '성채' 또는 '망루'라고 불리는 이 수녀원은 그런 소명의 표시로 높고 두꺼운 성벽으로 둘러싸여 있다.

주님께서 마리얌에게 말씀하셨듯이, 이 수녀원은 다윗이 양을 치던 바로 그 장소에 세워졌다. 수녀원 아래쪽에는 사무엘 예언자가 다윗을 이스라엘의 왕으로 세우기 위해 거룩한 기름(1사무 16, 2-13)을 도유해 주었던 동굴이 있다. 예수님께서 마리얌에게 알려 주신 바에 의하면, 요셉 성인과 성모님께서 예수님을 낳기 위해 여관을 찾으려고 마을로 내려가기 전에 잠깐 숨을 돌리고 기도를 하기 위해 머물렀던 곳도 이 언덕 한켠에 있다고 한다. 이 작은 언덕은 구약과 신약이 만난 역사적인 장소인 것이다.

예수님은 마리얌에게 당신이 영광스럽게 재림하실 때까지 이 수녀원은 그대로 유지될 것이라고 약속하셨다. 천국으로부터 이런 약속을 받은 수도원은 거의 없다. 예수님께서 다시 오실 때까지 존재할 것을 보장받은 이 수도원 건물은 벽이 단단하게 지어져 벌써 1세기 이상이 지났지만 손상없이 온전하게 유지되고 있다. 거룩한 건축가에 의해 설계되고 성인에 의해 세워진 견고한 건축물은 거룩한 건축가가 오실 때까지 건재할 것이 분명하다.

41. 예수님과 마리얌의 협업으로
베들레헴에 가르멜 수도원이 지어지다.

놀라운 것은 예수님께서 이 수도원 건물의 세세한 부분까지 그냥 넘어가시는 법이 없이 당신의 의향대로 짓도록 살피시고 그분이 뜻하신 바를 건축물에 담아서 지으셨다는 것이다. 그분께서는 이 수녀원은 가난해야 한다고 분명하게 말씀하셨다. 그래서 실제로 수녀원이 아주 작게 지어져 사용할 공간이 부족하다. 지상에서 사실 때, 가난했던 당신의 삶에 가르멜 수녀들이 참여하도록 하기 위해 그렇게 하신 것 같다. 곡선들은 매우 우아하고 아름답지만 모든 문들은 예수님께서 친숙하신 1세기의 문들처럼 아치형으로 나지막하다. 마치 목수이신 당신 자신의 손으로 친히 만드신 것처럼 보여지는 문이다.

마리얌이 공사 감독을 했는데, 장식하기를 너무 좋아하는 아랍 노동자들이 설계도보다 오른쪽이나 왼쪽으로 조금이라도 덧붙이면 마리얌을 찾아오셔서 말씀하셨다. "그들이 이러저러한 코너에 몰딩을 덧붙였으니 제거해라!" 예수님께서는 당신의 계획을 실현하는데 있어서 매우 엄격하셨다. 예수님과 마리얌, 그러니까 하늘과 땅의 이러한 공조는 우리에게 무척 신기하고 감동적이다. 이 수녀원을 둘러보는 순례자는 수녀원의 청사진을 주신 분이 예수님이시라는 것을 상기하는 것만으로도 가슴이 벅차오를 것이다. 예수님께서 설계하신 것을 유심히 살펴보다 보면 그분의 건축에 대한 취향을 얼마간 파악할 수 있다.

경당은 충격 이상인데 똑바로 선 자세에서 창문을 바라보면 창문의 맨 아랫부분이 머리 위에 놓여 있다. 가르멜 수녀는 기도 가운데 오직 천국만을 생각해야 한다는 예수님의 의중이 드러난 부분이다. 창문을 통해 아무것도 볼 수 없다. 집도, 나무도, 심지어 주변의 언덕조차도 볼 수 없다. 오직 하늘만 보인다. 이 창문 아래에 서면, 가르멜 수녀는 오직 천국의 것에만 몰두해야 하며 자신의 기도와 희생으로 온 세상을 천국으로 인도해야 한다는 예수님의 육성이 들리는 듯한 착각을 경험한다. 수녀원 전체는 그렇게 예수님의 원의대로 건축되었고 사람들은 그곳에서 말 없는 주님의 큰 가르침을 듣게 된다.

42. 마리얌이 자신의 예언대로 33세 때 이 땅을 떠나다.

'십자가에 못박히신 예수의 마리아' 수녀는 베들레헴의 수녀원에 3년간 머물면서 수도원 건축을 책임졌다. 그곳에서 그리스도와 일치하여 몸과 영혼의 큰 고통을 희생으로 바치며 세상을 위한 중재 기도를 열심히 봉헌했다. 그녀는 뛰어난 유머 감각에다 온유한 미소를 띠고 솔선수범하는 자세로 이 고된 일을 평화롭게 해냈다. 견디기 힘든 고통 가운데 있을 때라도 수녀들에게 항상 필요한 위로와 희망을 주었던 것으로 알려져 있다. 그녀는 빛났다. 그러나 그녀의 생애는 짧았다. 그녀는 자신이 33세에 사망할 것이라고 예언했었다. 어느 날, 수도원 건설 현장을 감독하던 중 작은 계단에서 넘어졌고 상처를 심하게 입어 팔에 괴사가 생겼다. 19세기 말이었던 당시에는 고치기 힘든 병이었다. 짧은 생애지만 과중한 일로 인한 탈진과 지병까지 더해져 그녀는 이 괴사로 1878년 8월 26일에 사망했다. 마리얌은 하느님의 자비에 의탁하면서 이 땅을 떠났다. 아니, 천국에서 태어났다.

II

마리얌, 어린 예언자

II. 마리얌, 어린 예언자

마리얌의 메시지는 영적 어둠에 잠겨 있는 우리 시대를 환하게 비추어 주는 빛이기 때문에 그녀가 남긴 메시지를 신중하게 잘 살펴볼 필요가 있다. 주님께서는 이 메시지를 100년 동안 그늘에 숨겨 두셨는데, 그 어느 때보다 이 세대에 필요하기 때문에 이제야 빛을 보게 하신 것이 우연이 아니라 아마도 섭리일 것이다.

성령과 교회에 대한 메시지가 유독 눈에 띄는 부분이다. 19세기 가톨릭교회에는 성령께 대한 신심이 거의 없었음에도 불구하고 마리얌은 성령께 전적으로 의지하며 살았다.

43. 마리얌, 성령께 모든 것을 청하다.

동료 수녀들의 증언에 의하면 마리얌은 성령께 대한 의탁이 대단했는데 그녀는 항상 이런 기도를 빼놓지 않았다. "성령이시여! 저에게 하느님의 뜻을 알게 해 주소서. 하느님의 사랑이시여! 사랑의 불로 저를 태우시고 올바른 길로 인도해 주소서. 모든 해로운 것, 모든 환상, 모든 위험에서 저를 지켜 주소서."

마리얌은 어디에서나 어떤 상황에서나 성령을 청하며 기도했다. 그녀는 마음을 다해 성령께 청했다. 결정해야 할 일이 있거나 해결해야 할 문제가 앞에 있으면 즉시 성령께 부르짖고 성령의 도움을 간구했다.

그녀는 어린아이 같은 말투로 성령께 청했다. "나의 위로자, 나의 기쁨이시여, 오소서! 나의 평화, 나의 힘, 나의 빛이시여, 오소서! 오시어 이 갈증을 채워줄 샘을 어디서 찾아야 할지 알려 주소서!" 그녀는 쉼 없이 성령을 불렀고 진정으로 성령 안에서 살았다. 마리얌은 자신이 배우지 못해 무식한 사람이란 것을 잘 알고 있었으며 그런 만큼 그녀는 성령의 빛에 더 매달렸다. 성령께서 그녀에게 예수님과 신앙의 신비에 대해 깨우쳐 주지 않았더라면 그녀는 아무것도 알 수 없었을 것이다. 그래서 그녀는 더욱더 성령께 매달리며 기도했던 것이다. 그녀는 말했다. "성령께서는 저에게 아무것도 거절하지 않으십니다!"

44. 주님께서 마리얌을 통해 성령 공경에 대한 메시지를 교회에 주시다.

주님께서 마리얌에게 매우 특별한 메시지를 교회에 전달하도록 하셨다. 그것은 성령에 관한 것이었다. 마리얌이 예수님께 받은 성령에 대한 메시지이다. "성령을 부르는 사람은 누구나 나를 찾게 될 것이며 나를 만나게 될 것이다. 그는 양심 성찰을 깊이 하게 되어 그 영혼이 깨끗하게 될 것이다. 그 사람이 한 가정의 아버지나 어머니라면 그 가정은 평화로울 것이며 그의 마음은 이 세상 뿐만 아니라 다음 세상에서도 평화 가운데 있을 것이다. 그는 어둠 속에서가 아니라 평화 가운데 죽을 것이다."

주님께서는 사제를 위한 메시지도 주셨다. "나는 사제들이 매달 한 번씩 성령을 공경하는 미사를 드리기를 간절히 원한다. 그런 미사를 드리는 사제나 그 미사에 참석한 모든 사람들은 성령께서 주시는 은혜를 누릴 것이다. 그는 빛을 얻을 것이며 평화를 얻을 것이다. 그는 치유 은사를 받을 것이다. 그는 잠자고 있는 영혼들을 일깨울 것이다."

주님께서 이렇게 놀라운 약속을 마리얌을 통해 가톨릭교회에 주셨다. 마리얌은 그 메시지를 당시의 교황인 비오 11세에게 전달해 줄 것을 요청하면서 소속 교구 주교에게 전달했다.

45. 교황 레오 13세가 교회를 성령께 봉헌하다.

마리얌이 이 땅을 떠난 지 이십여 년이 지난 후, 교황 레오 13세는 20세기가 시작되는 1899년 12월 31일과 1900년 1월 1일 사이에 가톨릭교회를 성령께 봉헌했다. 레오 13세 교황이 성령께 교회를 봉헌하도록 자극한 동기 가운데 마리얌의 기도와 로마로 보낸 그녀의 청원이 포함되어 있었다. 그러나 이 사실을 알고 있던 모든 사람들조차도 교황이 교회를 성령께 봉헌한 것에 대해 무척 놀라워했다. 레오 13세 교황은 교회를 성령께 봉헌하기 몇 달 전에 자신의 서한 (Provida Mater 1989년 5월 5일)과 회칙 (Divinum illum munus 1897년 5월 9일)에서 마리얌의 청원에 대한 답으로 성령 강림 대축일을 준비하기 위해 '성령께 바치는 9일 기도'를 할 것을 전 교회에 요청했다.

예수께서 성령에 대한 메시지를 가톨릭교회에 전할 것을 마리얌에게 말씀하셨을 때, 그녀의 대답이다. "제가 그 말을 전한다 해도 아무도 저를 믿지 않을 거예요." 예수님께서 그녀를 안심시키셨다. "그 메시지를 믿고 안 믿고는 너와 아무 상관이 없다. 때가 되면 내가 직접 그 모든 일을 할 것이다."

'십자가에 못박히신 예수의 마리아'를 놀라게 한 것은 성령으로부터 오는 은총은 모든 영혼에게 주어진다는 것이었다. "우리에겐 성령님이 있어요!" 그녀는 이 말을 반복해서 거듭 거듭 말하길 좋아했다. 세상은 물론이고 교회 구성원들조차 마치 성령께서 존재하지 않는 것처럼 살고 있는 것을 보고 그녀는 몹시 안타까워했다.

문제가 많은 어떤 수도 공동체가 주님께 드린 고통에 대해 그녀도 함께 통회하면서, "그리스도인들과 수도 공동체가 신앙에 필요한 것을 열심히 찾고 있지만 성령께 대한 참된 신앙을 모르고 있다. 거기서부터 오류와 불일치가 생겨나서 평화와 빛이 없는 것이다. 이런 공동체와 그리스도인일수록 성령께 청해야 할 거룩한 깨우침을 청하지 않는다."고 말했다. 그녀는 "진리를 알도록 해주는 것은 성령의 빛이다. 그러나 신학교에서조차 성령께 봉헌하는 것을 백안시하고 있다."며 성령을 배제한 그 시대의 신앙 풍조를 날카롭게 비판했다.

그녀는 신앙인들이 이런 본질적인 것을 놓치고 있는 것 때문에 무척 고통스러워했다. 빛 속에서 사는데 필요한 모든 것을 성령께로부터 얻게 된다는 사실을 체험한 그녀는 사람들이 어떻게 하느님으로부터 오는 이런 선물을 거절할 수 있는지 도무지 이해할 수 없었던 것이다.

46. 세상이 어둠 속에 있는 이유는 성령께 청하지 않기 때문이다.

"수도회 안에서도 박해가 만연하다. 질투의 감정이 수도회를 지배하는 경우가 흔한데, 이것으로 말미암아 세상이 어둠 속에 있게 된다." 수도자와 봉헌된 영혼들과 사제들은 성령을 지상으로 불러오게 하는 부르심을 받은 사람들이기 때문에 그들에게는 세상의 악에 대한 책임이 크다. 그들이 성령을 청하는 것을 게을리한다면 온 세상은 어둠 속으로 내던져질 것이다. 마리얌은 시간이 지날수록 모든 것이 더욱더 파괴될 것이라는 것을 예수님을 통해 이미 알고 있었다. 예수님께서는 마리얌에게 수도회와 사제들의 타락이 심해질 것이며 이것이 온 세상에 어둠을 가져올 것이라고 알려주셨다. 예수님께서는 그녀에게 성직자와 수도자들의 타락 때문에 하느님을 알지 못하는 영혼들이 악을 향해 마구 내던져지게 될 것이라고도 하셨다. 마리얌은 이 때문에 몹시 괴로워했다.

그녀가 말하길, "성령께 청하고 봉헌하는 사람이 없으면 세상이나 수도 공동체는 오류 가운데 죽게 되어 있다." 너무나 많은 사람들이 어떻게 살아야 할지 모르고 너무나 많은 영적 혼란이 난무하는 우리 시대에 마리얌은 성경 속의 매우 쉬운 해결책을 제시한다. "보호자 성령께서 내가 너희에게 말한 모든 것을 상기시켜 줄 것이다." 이 시대의 문제를 해결할 수 있는 해법이 달리 있는 것이 아니다. 우리를 깨우쳐 주실 분은 성령이시다. 성령 강림절 때 우리는 이미 성령을 받았고 성령께 간절히 청하는 것이 이 모든 혼란을 잠재울 수 있는 해결책이다.

사제들에 관한 그녀의 희망은 크다. "성령께의 봉헌을 설교하는 사제는 그가 강론을 할 때 성령의 빛을 받을 것이다." 성령에 관한 그녀의 메시지는 혼돈으로 흔들리는 우리에게 신앙의 올바른 방향을 잡아주는 귀중한 길잡이이다.

47. 하느님께서 사탄이 마리얌을 40일 동안 유혹하는 것을 허락하시다.

마리얌의 메시지 중 가장 눈길을 끄는 것은 성령에 관한 메시지와 사탄에 관한 것이다. 현대인들이 말하기를 꺼려해 모두가 침묵하고 있는 사탄의 존재와 그가 사람들을 유혹하는 수단들에 대해 밝히 드러내어 말하고 있기 때문에 사탄과 관련된 그녀의 메시지는 매우 생소하게 느껴지는 것이 사실이다. 영적 전쟁에서 승리하기 위해서는 적의 정체뿐만 아니라 적이 사용하는 계략과 행동 방식까지 모두 아는 것이 필수적이다. 그래야만 사탄을 물리치기 위해 우리들도 적합한 무기를 골라 들 수 있게 된다. 마리얌의 영적 지도자였던 에스트리트 신부의 책에 이런 내용이 들어있다.

포의 가르멜 수녀원에 머무는 동안 마리얌은 욥이 겪은 시련과 비슷한 시련을 겪었다. 어느 날, 하느님께서는 사탄이 당신의 종, 욥을 시험하는 걸 허락하셨다. 사탄은 지체하지 않고 욥에게 몇가지 어려운 시험에 빠지게 했다. 그는 욥이 하느님을 모독하게 만들려고 그의 목숨 외의 모든 것을 잔인하게 빼앗음으로써 하느님께 대한 그의 충성심을 시험했다. 그럼에도 불구하고 하느님께 대한 욥의 충성심은 꿈쩍도 하지 않았고 욥을 파멸시키겠다던 사탄의 계획은 완전한 실패로 돌아갔다. 더욱이 '악마의 방문' 이후 욥은 잃어버린 명예와 모든 것을 회복했을 뿐만 아니라 그의 재산은 이전보다 두 배나 불어나는 축복을 받았다.

그렇게 구약의 욥을 시험했던 사탄이 이번에는 마리얌을 선택했다. 사탄은 그녀를 매우 가혹하게 시험할 수 있는 허락을 얻기 위해 하느님을 찾아갔다. 그가 마리얌을 40일 동안 유혹하게 해달라는 청이었다. 정말 다행스럽게도 그 기간 동안 그녀의 주위에 있었던 증인들 때문에 마리얌이 사탄의 시험을 어떻게 이겨냈는지 알 수 있게 되었다. 주님께서는 사탄의 청을 허락하시는 대신 마리얌에게는 사탄의 계략을 온 세상에 드러낼 수 있도록 허락하셨다. 그것은 매 순간, 그리고 날마다 사탄의 유혹을 받는 우리에게 매우 귀중한 영적 자산이 되었다.

48. 수도자의 영혼을 망가뜨릴 때 사탄이 사용하는 계략이 드러나다.

마리얌이 빼앗아간 영혼들을 보고 몹시 화가 난 사탄은 그녀를 '아랍 계집애(Little Arab)'라고 불렀다. 그녀는 수천 명의 영혼을 어둠에서 빼내어 하느님께 봉헌했다. 하느님의 허락으로 마리얌과 악마 사이에 선과 악의 불꽃 튀는 대결이 벌어졌다. 사탄은 마리얌을 실제로 고문을 하기도 했다. 그러나 그녀는 하느님께 대한 강인한 믿음과 끊임없는 기도를 통해 이런 모든 영적, 신체적 고통을 다 견뎌냈다. 이 전쟁 기간 동안 동료 수녀들과 몇 명의 사제가 우연히 들은 그들의 대화가 우리에게 전해지고 있어 얼마나 다행인지 모른다. 사탄은 "이 망할 아랍 계집애, 너를 완전히 박살 내 버릴 거야. 해가 갈수록 너에 대한 내 분노는 점점 더 커지는데 특히 '그 상처 자국'을 보면 화가 나서 도저히 견딜 수가 없어!"라고 분노를 뿜어댔다. 사탄이 '그 상처 자국'이라고 심하게 비하해서 말한 것은 마리얌이 예수님께로부터 받은 거룩한 성흔을 가리키는 것이다. 하느님께서는 이 치열한 영적 전쟁을 사탄이 수도자의 영혼을 망가뜨릴 때 사용하는 계략을 만천하에 드러내는 기회로 선용하셨다.

49. 사탄은 많은 수도자들의 영혼을 파멸시키고 있다.

사탄이 "자, 봐라! 나는 방금 영국에서 수녀 한 명을 파멸시켰다. 엊그제부터 그녀는 우리 것이 되었다."라고 자랑하기 시작했다. 그러면서 영혼을 파멸시키는 자신의 계획과 전략을 설명했다.

"하느님께 봉헌된 한 영혼을 멸망시키기 위해서는 대단한 유혹거리가 아니어도 돼. 먼저 하찮은 것으로 유혹하지. 유혹에 걸려든 수녀는 자신이 다른 수녀들과 달리 장상의 사랑을 받지 못한다고 믿게 만들어 버리는 거야. 질투를 느끼기 시작하다 마침내 질투의 감정에 전복된 그녀는 다른 수녀들을 시기하는 투서를 쓰게 되지. 그런 뒤 그녀는 수녀원을 떠나고 싶어해! 우리가 유혹하려고 결정한 수도자들에게 자신이 수도 생활을 잘하고 있다고 인정해 주는 사람이 아무도 없다는 생각을 넌지시 던져 주는 거야. 그렇게 해서 얼마나 많은 수도자의 영혼을 우리

편으로 포섭했는지 몰라. 자신이 사랑받지도 인정받지도 못하고 있다는 것을 이용해서 수도자의 영혼을 사로잡아 버리는 거지. 그리고 또 다른 방법은 영적 환시를 보고 싶어하고 영적 깨달음을 얻고 싶어하는 욕구를 이용해서 수도자의 영혼을 파멸시키는 것인데, 그건 일도 아니야!"

그러면서 사탄은 정말 의미심장한 말을 덧붙였다. "순명, 청빈, 정결, 이런 세가지 나쁜 것을 지키겠다고 서원한 한 영혼을 이기는 것은 한 도시의 시장이 되는 것보다 우리에게 훨씬 중요해!" 이 말은 악마의 가장 큰 관심사는 하느님께 봉헌된 영혼들을 파멸시키는 것임을 밝히 드러내고 있다.

악의 입장에서 볼 때, 다른 모든 영혼의 구원을 위해 하느님께 봉헌된 수도자에게 걸려 있는 영적 현상금은 어마어마하다. 사탄의 이 말이 명백한 사실임을 재확인시켜 주는 마리얌에게 주신 주님의 말씀이 있다. "완전히 타락해 버린 도시에서 그가 했던 수도 서약에 충실한 한 영혼을 찾을 수만 있다면 나는 그 도시 전체를 구원할 것이다." 주님의 이 말씀을 통해 우리는 하느님께 봉헌된 신실한 한 영혼에게 얼마나 중요한 임무가 맡겨져 있는지 다시 한번 확인할 수 있다.

그러나 이것은 새로운 것이 아니고 성서적인 진실이다. 창세기에서 아브라함이 하느님을 설득하는 대화에서도 똑같은 예가 나온다. 아브라함은 하느님께서 소돔을 멸하시지 않도록 간곡하게 탄원을 올린다. 성읍 안에 의인이 있을지 모르며 하느님께서 이 의인들을 죄인들과 함께 멸하시면 안 된다고 말씀드린다.(창세 18, 16-33) 예레미야가 하느님께 탄원한 내용도 기억할 필요가 있다.(예레 11, 13) 하느님께서는 예루살렘 때문에 예언자 예레미야를 나무라신다. "유다야, 너희 신들이 너희 성읍만큼이나 많고 너희가 우상을 위해 세운 제단, 곧 바알에게 향을 피우려고 세운 제단이 예루살렘 골목만큼이나 많구나!" 주님께서는 예루살렘에서 한 명의 의로운 영혼이라도 발견하게 되면 도시 전체를 구원하시겠다고 하신다. 우리에게 얼마나 소중한 교훈인가! 우리가 계명을 충실히 지키고 주님께 성실하기만 하면 주님께서는 많은 영혼뿐만 아니라 도시 전체도 구원하실 것이다!

50. 악마가 가하는 수많은 고통에 대해 단 한마디의 불평도 하지 않다.

마리얌은 "수도 규칙을 완전히 지키는 사람은 순교의 왕관을 받을 것이다."라고 예수님의 말씀을 대변해서 말했다. 수도 서약을 충실히 지키는 것과 공동체의 규칙과 정신에 충실하다는 것은 순교에 버금갈 정도로 자신을 희생하는 것이 필요하기 때문이다. 그런 수도자들은 이미 내적인 순교자들이다. 주님께서 많은 영혼을 구원하시는 것은 바로 이런 수도자들의 사랑의 순교, 내적 순교를 통해서이다.

악마는 봉헌된 영혼들에 대해 참을 수 없는 분노와 그들을 파멸시키고 싶은 갈망을 가감없이 드러냈다. 악마가 마리얌에 대항해 도발한 이 영적 전쟁에서 악마의 목표는 그녀에게 가하는 엄청난 고통에 대해 그녀가 단 한 번이라도 불평하게 만드는 것이었다. 그는 "아랍 계집애에게서 단 한 번의 불평을 반드시 얻어낼 것이다."라고 큰 소리로 당당하게 선언했다. 악마가 마리얌에게 모든 고통을 줄 수 있도록 하느님께서 허락하셨던 그 40일 동안 마리얌은 정말 영적 전쟁의 영웅이었다. 그녀는 지극한 사랑과 온전한 희생으로 모든 박해와 고통을 받아들였다. 영혼들의 구원을 위하여 그 모든 고통을 그리스도의 고통에 합하여 그분께 봉헌했다. 마리얌이 얼마나 주님께 대한 큰 사랑으로 불타올랐는지는 고통에 대한 그녀의 태도를 보면 알 수 있다. 그녀가 이런 모든 고통을 불평 한마디 없이 겪고 희생으로 바칠 수 있었던 것은 오직 예수님께 대한 사랑, 진정한 사랑 때문이었다.

악마는 허락된 40일 동안 모든 방법을 다 동원했지만 단 한 번의 불평도, 정말 단 한 마디의 불평도 마리얌에게서 얻어내지 못했다. "너무 힘들어요!"라고 말하는 것조차 얻어내는 데 성공하지 못했다. 반대로, 마리얌이 '돌아올 때(그녀가 탈혼 상태에 있을 때는 말을 할 수가 없었다.)'마다 그녀는 뭐라고 말했을까? "주님, 저는 이 모든 고통을 교회를 위해, 사제들의 성화를 위해, 고통 중에 있는 영혼들을 위해, 잃어버린 영혼들을 위해 봉헌합니다."라고 했다.

51. 애덕, 겸손, 순명은 사탄을 이길 수 있는 무기들이다.

선과 악의 치열한 영적 전쟁에서 젊은 수련 수녀에 의해 끊임없이 이어지는 연속적인 승리는 사탄의 힘을 감소시켰으며 그를 혼란에 휩싸이게 했다. 백방으로 패배하고 있음을 깨달은 사탄은 그가 제안한 전쟁을 중단하게 해달라고 주님께 빌기 시작했다. 이런 '거래'를 제안한 것에 대해 사탄은 피눈물나게 후회했으며 이 싸움이 취소되기를 원했다. 주님께서 그에게 뭐라고 대답하셨을까? "너는 40일 동안 그녀를 시험하게 해달라고 청했다. 네가 원했던 그 40일이 지나야 이 싸움은 끝난다." 악마는 매일 패배를 당하고 날마다 더 참혹하게 패배하더라도 40일까지 가야만 이 싸움이 끝난다는 것을 알았다.

그 전쟁을 지켜보던 수도원의 모든 사람들은 마리얌이 평화로운 목소리로, "저를 예수님과 성모님께 일치시킵니다. 저는 교회에 반대하는 모든 사람들을 위해 저의 고통을 바칩니다. 하느님은 찬미 받으소서!"라고 말하는 것을 듣곤 했다. 마리얌이 하느님께 바친 것은 뼈를 깎는 고통과 자신의 죄가 공개되는 모욕에 대해 불평하는 대신 오히려 자신의 아픔을 주님께 봉헌하고 하느님께 찬미를 드리는 것이었다.

자신에게 불리해진 싸움의 조기 종결을 원했던 사탄에게 그가 처음에 제안했던대로 마리얌을 40일 동안 계속 유혹해야 한다는 주님의 명령은, 사탄에게는 자기 눈을 자기가 찌르는 참혹

한 결과를 가져다 주었다. 말할 것도 없이 마리얌이 계속 승리함에 따라 사탄의 추악한 계략과 악에 관한 비밀이 계속해서 마리얌과 그녀의 공동체에 탄로날 수 밖에 없었다.

사탄은 "우리를 가장 곤혹스럽게 하는 세 가지는 애덕, 겸손, 순명이다."라고 말했다. 또 "나는 유혹자이다. 어디에서나 분열의 씨를 뿌리고 나는 내가 원하는 대로 한다."라고 덧붙였다. 겟세마니 동산에서 '제 뜻이 아니라 아버지 뜻대로 하소서!'라고 예수님께서 성부 하느님께 말씀하신 것과 정반대로 자기 뜻대로 사는 것이 얼마나 위험한지 사탄의 입으로 증명하고 있다. 사탄은 또, "나는 단정한 것을 너무 싫어해. 이 머리 수건을 정말 벗기고 싶어. 단정한 머리 수건을 보면 너무 짜증난단 말이야!"라고 했다. 그래서 그는 아주 사소한 것으로 수녀들을 유혹해 그녀들이 머리 수건을 벗고 수녀원을 나가게 만든다. 그는 또 마리얌의 죄를 공개적으로 추궁했다. 요한 사도가 계시록에서 정의했듯이 악마는 고발자이다. 사탄에게 공개적인 고발을 당한 마리얌은, "그래요, 맞아요. 저는 죄밖에 없는 사람이예요, 그러나 저는 하느님의 자비 안에서 죄의 용서를 희망합니다." 그러자 악마가 소리쳤다. "이 보잘것없는 아랍 계집애가 또 나를 이기다니, 있을 수 없는 일이야!" 마리얌은 비록 그가 그녀를 고문하고 일시적으로 무너뜨릴 힘이 있다 해도 단지 하느님께서 허락하신 것만 할 수 있을 뿐이라며 '사탄의 한계'에 대해 명확하게 일갈했다.

40년이 지난 후(1935년), 파우스티나 코발스카 수녀의 수호천사가 사탄에게 이와 똑같은 말을 했다. 그녀가 수녀원을 향해 걷고 있을 때, 악마가 길을 가로막았다. 파우스티나 수녀가 그녀의 책에 기록하길, '그들은 나를 무서운 고통으로 협박했다. "이 여자는 우리가 몇 년 동안이나 열심히 일해서 얻은 것을 모두 빼앗아 가버렸다!" 그들이 나를 무섭게 증오하는 것을 보고 나는 즉시 나의 수호천사에게 도움을 청했다. 그랬더니, 금방 밝게 빛나는 수호천사가 나타나서 내게 말했다. "나의 주님의 신부여! 두려워하지 마라. 주님의 허락 없이는 이 악한 영들이 너를 해칠 수 없을 것이다." 악한 영들은 즉시 사라졌고, 믿음직스런 나의 수호천사는 나를 집에까지 데려다 주었다.' (파우스티나 수녀의 일기 419항)

사탄은 하느님의 허락 없이는 아무것도 할 수 없다. 그는 하느님께 복종할 수밖에 없다. 하느님께서 우리에게 허락하시는 것을 잘 참아 받겠다는 결심만 하면 사탄의 공격은 무용지물이 될 것이다. 사탄에게 패배만 잔뜩 안겨준 마리얌은 영적 전쟁에서 우리의 귀감이다.

52. 마리얌이 사탄에게 승리에 승리를 거듭하다.

패배를 당한 악마는 주님의 명령에 따라 자신이 패한 원인을 만천하에 드러낼 수밖에 없었다. 사탄은 마리얌이 승리한 이유에 대해, "작은 아랍 계집애가 왜 이렇게 강할까? 그녀는 주님의 발자국을 따라 걷기 때문이야!"라고 시인했다. 예수님의 말씀이 떠오른다. "나는 세상의 빛이다. 나를 따르는 자는 어둠 속을 걷지 않고 생명의 빛을 얻으리라." 이것이 마리 얌이 승리하게 된 진정한 이유이다. 그녀가 평온한 가운데 사탄에게 승리에 승리를 거듭할 수 있었던 것은 바로 예수님을 따랐기 때문이다. 그녀는 주님의 발자국을 따라 걸었으며 그것이 바로 그녀가 그토록 강할 수 있었던 이유였다.

사탄은 마리얌이 주님을 따르고자 하는 것을 이용해 유혹했기 때문에 그녀는 상상할 수 있는 모든 유혹들을 통과해야만 했다. 마리얌이 말하길, "사탄, 교회에 반대하라고 나를 유혹하는 거야? 나는 교회를 사랑해. 교회는 나의 어머니야. 교회가 너의 머리를 으스러뜨릴 거야. 나의 어머니인 교회는 절대로 무너지지 않아. 무너질 것은 바로 너 사탄이야. 너는 천국에서 한번 타락했으며 그때부터 너는 끊임없이 타락해왔어!"라고 적에게 말했다. 그녀는 "사람들이 너를 볼수만 있다면, 너를 절대로 따르지 않을 거야. 이 끔찍한 사탄아! 사람들은 죽을 때라야 너를 본단 말이야. 그들이 너의 얼굴을 단 한 번이라도 볼 수만 있다면, 온 세상이 너로부터 도망칠 텐데!"라고 덧붙였다. 또한 그녀는 "사탄, 너는 하느님의 빛 속에 있으면서도 타락했지만 우리는 나약함 때문에 유혹을 당하긴 해도 예수님을 따르기 때문에 선한 마음을 가지고 있어. 네가 영혼들을 속이려고 찾아다니지만 예수님께서는 우리를 성화시키시려고 찾아다니셔! 너는 나한

테 아무것도 아니야. 나는 예수님과 함께 있기 때문에 너가 두렵지 않아. 예수님은 나의 빛이야! 예수님은 강한 자를 부끄럽게 하시려고 약한 자를 선택하셨어! 내가 약하기 때문에 그분이 나를 선택하신 거야!"라고 유혹자인 사탄을 질타했다.

마리얌은 고통과 시련 중에 원기를 조금 찾을 때마다 말하길, "예수님께 영광을! 예수님께 영광을!" 화가 난 악마는 매섭게 쏘아 붙였다. "뭐라고, 이 아랍 계집애! 안돼! 안돼! 내게 영광을! 내게 영광을!"

마리얌은 "하느님의 영이 사람에게 내려오시면 평온함, 평화, 기쁨을 가져오셔. 그러나 사탄, 너는 사람들에게 불안, 고통, 괴로움만 주지!"라고 했다. 그녀는 이어서 "하느님께서 원하시면 너는 절대 우리에게 손끝 하나 댈 수 없어. 너는 부들부들 떨면서 예수님께 복종해야만 해!"

53. 영적 싸움에 걸려 있는 현상금은 우리 각자의 영혼이다.

빛의 어린이 마리얌과 어둠의 왕자 사탄의 영적 전쟁시에 흘러 나온 대화를 통해 사탄이 사람들을 어떻게 유혹하고 사탄이 무엇을 싫어하는지, 또 영적 싸움에서 승리하기 위해 필요한 무기가 어떤 것인지가 명백하게 드러났다. 19세기에 일어난 일이 100년도 더 지난 지금, 폭증 일로에 있는 영적 투쟁을 예리하게 이해할 수 있도록 도와주고 있다. 이 위험한 영적 싸움에 걸려있는 현상금은 우리 각자의 영혼이다.

마리얌은 밤낮으로 우리를 망치기 위해서 일하는 자의 끔찍한 박해의 대상이 되었다. 그러나 그녀는 가르멜 수도자로서 자신의 몫을 당당하게 해내고 이 싸움의 승자가 되었다. 그녀는 자신의 봉헌에 충실했다. 봉쇄된 가르멜 수녀원의 담벼락 안에서는 아무것도 일어나지 않으며 담장 안에 숨어 사는 존재는 시간을 낭비하고 있고 의미 없는 일을 하고 있다고 생각하는 사람들은 큰 실수를 하는 것이다.

자신들의 소명에 충실한 이런 가르멜 수도자와 모든 수도 공동체들은 영생을 위해 수고를 감당하는 고결한 사명을 수행하고 있는 중이다. 다른 어느 세기보다 악마의 파괴력이 점점 더 심해지고 있는 지금, 정확한 시점에 맞춰 마리얌의 메시지가 가르멜의 담장을 넘어 우리에게 전해졌다. 봉쇄 수녀원의 마리얌의 작은 방에서 있었던 일이 잘 봉쇄되어 있다가 마침내 우리에게 드러난 것이 얼마나 다행스런 일인지 모른다. 세상에서 일어나는 모든 악한 일이 우리의 약함과 결함 투성이의 본성에서 오는 것이 아니라 현실에 실재하는 적으로부터 오며, 그가 사탄이라는 이름을 가진 인격체라는 것을 알고 나면, 영적 투쟁의 대상에 대해 우리는 명확하게 눈을 뜨게 된다.

54. 겸손, 순명, 사랑 앞에서 사탄이 두려워 떨다.

현대의 허황된 영성에서 말하는 것처럼 사탄은 인격체가 아닌 공기 중에 떠다니는 부정적인 에너지의 일종이 절대 아니다. 천사처럼 우리 눈에는 보이지 않으나 우리를 공격하려고 오는 실체를 가진 누구이다. 이 누군가가 두려움을 느끼는 존재라는 것을 잘 알고 있어야 한다. 그를 격퇴하기 위해 우리가 겸손, 순명, 사랑이라는 예수님의 무기를 사용하면 두려워할 자는 오히려 사탄이다. 사랑에 자신을 던지는 영혼 앞에서 두려움에 떠는 자는 바로 사탄인 것이다. 진리 안에서 예수님과 함께 사는 사람은 사탄에 대한 두려움이 조금도 없다. 이것이 마리얌이 자신의 삶을 통해 우리에게 웅변하고 있는 교훈이다.

영적 전쟁의 승리를 가져오기 위해 마리얌은 특별한 세 가지 무기를 사용했는데 가장 중요한 것은 겸손이었다. 그녀는 겸손이 왜 중요한지에 관해 여러 차례 언급했다. 그녀는 "교만은 우리를 분노하게 하고 모든 것을 성가시게 느끼게 하고 우리를 화나게 만든다. 교만은 자신의 마음에 들지 않는 것에 저항하고 주변 사람들을 괴롭힌다. 교만한 사람은 몰락할 것이다. 교만으로 똘똘 뭉친 사람은 이 세상은 물론, 다음 세상에서도 갖가지 괴로움에 시달리나 겸손한 사람은 어디서나 기쁨에 넘친다."고 늘상 말했다.

목이 잘린 마리얌이 동굴 안에 죽은 채 버려져 있었을 때, 그녀를 돌봐주셨던 복되신 성모님의 말씀을 기억하는가? 성모님께서 신비롭고 맛난 수프를 그녀에게 먹이신 후, 영성 생활에 대해 가르치셨다. 그때 성모님께서는 "항상 만족할 줄 알아야 한다!"는 값진 지침을 주셨다.

마리얌과의 영적 전쟁 동안, 사탄은 정확하게 이 점을 끊임없이 공격했다. 그녀가 자신의 고통과 운명에 대해 불평하고 그녀에 대한 하느님의 뜻에 저항하도록 하기 위해 무슨 짓이든 다 했다. 사탄은 자신의 교만으로 인해 처절하게 겪고 있는 좌절감을 그녀에게 전염시키고 싶었던 것이다.

55. 겸손한 사람은 모든 것에 만족한다.

성모님께서 마리얌에게 "항상 만족할 줄 알아야 한다!"고 가르치신 다음, "사는 동안 겪는 모든 것은 하느님의 손에서 오는 것이므로 기쁘게 받아들여라."하고 깨우쳐 주셨다. 그것이 바로 겸손이다. 마리얌은 "겸손한 사람은 그 무엇에 대해서도 화를 내지 않으며 겸손한 사람은 모든 것에 만족한다."고 말해 왔다.

주님께서는 당신의 어린 정배에게 겸손을 가르치시기 위해 비유로 말씀하셨다. "지렁이를 보아라. 지렁이가 땅 밑에 있는 한 그는 안전하다. 그러나 지렁이가 땅 위에 올라오면 밟혀 죽는다!" 마리얌은 우리에게 말한다. "겸손한 사람은 하느님 나라에 살고 있는 것이다. 겸손은 모든 것에 만족한다. 겸손한 사람은 그의 마음에 주님을 모시고 있다. 겸손한 마음을 주시는 분은 하느님이시다. 그러나 겸손해지려면 겸손을 실천에 옮겨야만 한다. 진정한 겸손은 존중받는 것, 비판받는 것, 다른 사람의 평판에 대해 걱정하지 않는 것이다."

예수님께서 그녀에게 지옥을 보여주시면서 말씀하셨다. "지옥에도 모든 종류의 미덕이 다 있지만 겸손은 없다. 천국에도 모든 종류의 결점이 다 있지만 교만은 없다." 마리얌도 겸손을 간단하게 요약해서 설명했다. "작은 자는 행복하다. 그들을 위한 자리는 어디에나 있다. 그러나 큰 자는 모든 사람들에게 방해가 된다." 그녀는 겸손보다 주님을 더 기쁘게 해드리는 것은 없다고 단언했다. 주님께서 그녀에게 말씀하셨다. "내게 겸손한 사제나 수도자를 다오. 그러면 나는 그에게 아무것도 거절하지 않을 것이다."

기억해 둘 만한 말씀이다.

"나는 그에게 아무것도 거절하지 않을 것이다."

세상의 죄에 대한 예수님과 마리얌의 대화이다.

주님께서 말씀하셨다.

"오직 나만을 찾고 자신을 위해서는 아무것도 원하지 않는 사제 한 명을 내게 다오. 교훈적인 설교와 감동적인 설교를 하는데 몰두하지 않고 하느님의 뜻을 찾는 사제!"

마리얌이 대답했다.

"주님, 아직도 이 지상에는 거룩한 사제들이 있습니다."

주님께서 말씀하셨다.

"오직 하느님의 영광을 찾는, 자기자신으로부터 완전히 이탈된 한 명의 사제라도 있다면 그 사제는 엄청난 일을 하게 될 것이다. 그의 손에서 나의 기적들이 무수히 일어날 것이다."

이것은 예수님께서 마리얌에게, 그리고 우리 각자에게 주신 약속이다. 겸손은 엄청난 힘이 있다.

어둠과의 투쟁에서 마리얌이 사용했던 두 번째 무기는 겸손의 실천적 행동인 순명이었다. 그녀는 영웅이라고 불러도 손색이 없을 만큼 순명을 실천했다. 겟세마니 동산에서 고뇌 중이셨던 예수님의 말씀을 떠올리지 않을 수 없다. 그분은 괴로움, 비통, 지독한 슬픔, 끔찍한 내적 고통 때문에 피땀을 흘리셨다. 지옥의 모든 것이 연합하여 그분을 짓눌렀다. 바로 그때 그분께서 탁월한 순명의 말씀을 하셨던 것이다. "아버지, 아버지께서 원하시면 이 잔을 저에게서 거두어 주십시오. 그러나 제 뜻이 아니라 아버지의 뜻이 이루어지게 하십시오."(루카 22, 42)

56. 순명과 복종은 어둠 속에 있는 영혼을 빛으로 인도한다.

그리스도의 발자국을 따라 걷는 그녀의 영적 투쟁에서 승리에 승리를 거듭하기 위해 마리얌은 순명이라는 강력한 무기를 사용했다. 모든 수도회에서 맹세하는 세 가지 서약 중의 하나이지만 순명은 가르멜 수도회 규칙의 핵심이다. 봉헌된 삶에서 순명은 빛으로 가는 지름길이라고 마리얌은 강조한다. 그녀는 "누구나 항상 순명해야 하며, 자신의 뜻을 장상의 뜻에 굴복해야 합니다. 토를 달아서는 안됩니다. 하느님께서는 장상에게 순명하지 않고 자신의 판단을 포기하지 않는 영혼을 좋아하지 않으십니다. 예수님과 협상하려고 해서는 안 됩니다. 그분을 위해 뭔가를 하려면 완전하게 해야 합니다. 그분은 절반을 좋아하지 않습니다. 자신의 전부를 드리지 않는 영혼은 미지근한 영혼이며 예수님은 그런 영혼을 뱉어 버리십니다."라고 순명에 대한 확실한 교훈을 남겼다.

마리얌은 탈혼 상태에서도, "권위에 복종하십시오. 순명과 복종은 어둠 속에 있는 영혼을 밝히는 두 개의 촛불입니다. 영혼의 어둔 밤과 끔찍한 고통 중에 있는 사람은 순명의 안내를 받아야만 합니다."라고 했다. 그녀는 순명에 대해 천국으로부터 받은 조언을 전해 준다. "순명은 모든 불행과 사탄의 올가미로부터 우리를 보호해 준다고 복되신 어머니께서 제게 알려 주셨어요."

사탄의 고백 가운데 순명에 탁월한 가르멜 수녀에 대한 이야기이다. 사탄이 말했다. "6년 전에 우리는 스페인의 한 가르멜 수녀를 공격했다. 처음 2년간 그녀가 동료 수녀 한 명에게 반감을 갖게 하기 위해 모든 것을 다 했다. 상대방 수녀에게 말을 거는 것도 그 수녀를 쳐다보는 것도 몹시 괴롭도록 만들었다. 그런데 그녀는 반대로 했다. 장상은 그 두 사람이 같은 일을 하도록 배정했다. 그런 환경에서 우리는 아주 기발한 방법으로 그녀가 상대 수녀를 참을 수 없도록 했지만 그녀는 상대에게 최상의 지지와 완벽한 애덕을 보여 주었다. 우리는 그녀가 정결, 금욕, 겸손을 지키지 못하도록 유혹했으나 번번이 실패했다. 그녀에게 장상, 특히 고해 신부를 더 찾도록 은근히 암시를 해주면 그녀는 오히려 그들을 덜 찾았다. 우리가 그녀의 높은 덕을 칭찬하면서 영적 지도를 자주 받을 필요가 없다는 것을 암시하면 오히려 더 빈번히 원장 수녀와 사제를 찾아갔다. 특별히 엄청난 보속을 하도록 부추겼을 때, 그녀는 수도 규칙만으로 만족했다. 우리가 그녀의 거룩함에 대해 확신시키려 하면 모든 수녀들이 있는 자리에서 자신의 교만을 고백했다. 그 빌어먹을 수녀가 우리를 항상 깔아뭉갰다."

사탄은 마리얌을 때때로 귀머거리로, 벙어리로 만들었지만 장상이, "순명으로 말하세요, 순명으로 들으세요."라고 하면 마리얌은 장상의 말에 순명하여 바로 말하고 바로 들었다.

57. 나무 꼭대기에서 공중 부양 중인 마리얌이 순명하여 땅으로 내려오다.

마리얌에게 나타난 신비적 은사는 너무나 많다. 특히 순명과 관련된 이 일화는 우리에게 그녀의 '거룩한 순명'에 대한 확실한 증거를 제시해 준다. 그녀가 포의 가르멜 수녀원에 있을 때, 수녀들은 그녀가 저녁 식사에 불참한 것을 알게 되었다. 그녀를 찾기 시작했고 한 수련 수녀가 정원 어디에선가 '사랑! 사랑!' 하면서 노래하는 소리를 들었다. 위를 쳐다본 수녀는 마리얌이 새 한 마리의 무게도 지탱할 수 없는 라임 나무 꼭대기에 있는 작은 가지에 걸터앉아 그네를 타고 있는 것을 보았다. 보고를 받은 원장 수녀는 깜짝 놀랐다. 마리얌을 찾아간 원장 수녀가, "십자가에 못박히신 예수의 마리아 수녀님! 예수님께서 원하신다면, 순명으로 명하오니 넘어지거나 다치지 않게 내려오세요."라고 했다. 탈혼 상태에서 공중 부양 중에 있던 마리얌은 '순명'이라는 단 한마디 말에 '빛나는 얼굴로' 라임 나무로부터 내려왔는데, 내려오면서 여러번 나뭇가지 위에 살며시 멈추어 '사랑'을 노래했다. 그 자리에 있던 한 수녀의 보고이다. "그녀의 발이 땅에 닿는 순간, 원장 수녀와 동료 수녀들의 애태움에 대해 보상이라도 하려는 듯이 성유를 발라 주듯이 표현할 길 없는 애정으로 우리에게 입맞춤을 해 주었어요."

사람들은 여러 번 그녀가 나무 꼭대기에 있는 가느다란 나뭇가지로 올라가는 것을 보았다. 한 손에는 스카풀라를 들고 다른

손은 나뭇가지 끝의 이파리를 붙잡고 눈 깜짝할 사이에 나무 꼭대기까지 순식간에 올라갔다. 일단 꼭대기에 올라가면 작은 나뭇가지에서 그네를 타면서 빛나는 얼굴로 하느님께 대한 사랑을 노래했다. 그리고는 다시 새처럼 가볍고 우아하게 가지에서 가지로 내려왔다. 땅으로 돌아온 그녀는 그 일에 관해 아무것도, 정말 아무것도 기억하지 못했다.

나무 꼭대기의 높은 가지 위에서 공중 부양을 하고 있는 동안 마리암은 무엇을 하고 있었을까? 그녀에 의하면 나무 꼭대기로 부르신 분은 하느님의 어린양이시기 때문에 그분과 대화를 나누었다고 한다. 그녀의 천상 배우자와의 대화는 마리암을 벅찬 행복과 충만한 사랑으로 빛나게 했다. 그러나 순명이 요구되는 순간에는 언제든지 대화를 중단할 준비가 되어 있었다. 뚜렷한 이유 없이 단지 위험해 보여서 내려오라는 장상의 단순한 명령에 순명하기 위해 하느님과의 사랑의 대화를 중단하는 것이야말로 마리암이 하느님의 뜻에 일치하여 신비롭고도 진실한 삶을 살았다는 증거가 아닐까? 대부분의 성인들은 자신의 영적 수준에 미치지 못하는 장상들에게 절대적으로 순명했다.

순명하는 사람들은 권위를 행사하는 사람들 뒤에 계시면서 모든 일을 당신의 거룩한 지혜에 따라 이끄시는 성부 하느님을 본다. 권위자에게 순명하는 것이 하느님께 순명하는 것이다. 반대로 자신의 인간적인 지혜와 논리에 대한 확신으로 장상과 논쟁한다면 하느님의 계획이 성취되는 것을 지연시킬 뿐이다.

어느 날, 예수님께서 마리얌에게 말씀하셨다. "내 딸아, 영혼에게 있어 순명은 새에 있어 날개와 같다."

58. 사랑은 고통과 고뇌를 이긴다.

빛의 세계로 소속되기 위한 영적 투쟁에서 세 번째 무기는 애덕이다. 마리얌은 평생을 걸쳐 주변에 있는 사람들에게 극진한 애덕을 실천했고 주님께는 지극한 사랑을 보여 드렸다. 마리얌이 치러야 했던 극렬한 영적 투쟁 기간 동안 그녀가 침몰하지 않도록 지켜준 것은 무엇일까? 극한 고통 가운데 있던 그녀를 지탱시켜준 것은 예수님께서 그녀에게 맡기신 영혼들에 대한 지극한 사랑이었다.

우리 한 사람 한 사람을 위해 죽기까지 사랑하신 구세주 예수님께서는 우리 영혼 안에 있는 죄를 정확하게 보신다. 마리얌은 하느님의 은총으로 말미암아 다른 사람들의 영혼들 안에서 하느님께 대항하는 죄를 볼 수 있는 은사를 받았다. 마리얌은 하느님께서 주신 이 은사를 통해 사람들이 지은 죄의 비참함과 참혹함을 깊이 절감했다. 그녀는 자신의 정배이신 예수님과 한마음이 되어 이런 영혼들을 구원하고 싶은 갈망에 불타 올랐다. 주님의 사랑이 거룩한 영혼 안에서 강렬하게 타오르게 되면 그 영혼은 고통과 시련을 불행이 아니라 구원을 위한 도구로 환영하게 된다.

하느님의 은총으로 말미암아 거룩한 영혼에게는 역경이 아무 것도 아닌 것이 되고 고난도 즐거움이 된다. 물론 고난 그 자체가 즐겁다는 것이 아니다. 이런 영혼들은 예수님께 대한 사랑으로 너무나 강하게 타올라 하느님께서 하시는 모든 일, 심지어 고통마저도 그들에게는 기쁨이 된다. 고통의 골고타에서나, 영광의 타볼산 위에서나, 어디에서든 예수님을 따르는 것만이 그들의 기쁨이기 때문이다. 이것이 진짜 사랑이며 순수한 사랑이다.

59. 예수님의 심장이 마리암의 심장 속에서 뛰다.

마리암이 지녔던 애덕은 그리스도와의 일치에서 나왔다. 마리암은 자신의 영혼 속에서 그리스도의 수난을 살았으며, 자신의 심장 안에 그리스도의 상처를 계속 지니고 있었고, 자신의 육신으로 그분이 당하신 고문을 견뎌내며, 이 모든 고통에 대해 감사했다. 그녀는 예수님을 그만큼 사랑했던 것이다. 그녀에게 주어지는 모든 십자가는 구원자이신 예수님의 사랑을 깨닫게 해주었고 예수님께 대한 지칠줄 모르는 사랑으로 그녀를 이끌고 갔다.

그녀의 가슴속에서 뛰는 심장이 바로 예수님의 심장이었기 때문에 마리암의 애덕은 그리스도의 사랑과 일치해 있었고 두 사랑은 하나였다. 예수님의 사랑과 하나가 된 그녀는 동료 수녀들과 다른 영혼들을 위해 탈진하도록까지 애덕을 실천했다. 애덕에 관한 놀랍도록 단순하고 심오한 그녀의 말이다. "우리는 더 많이 사랑해야 합니다. 형제들에게 베푸는 만큼, 주님께서 여러분을 위해 베풀어 주십니다. 형제가 가는 길에 돌이 놓여 있는 것을 보면 그가 걸려 넘어지지 않도록 그것을 치워 주십시오. 구덩이가 보이면 그가 빠지지 않게 구덩이를 메우십시오. 그가 가는 길을 평탄하게 만드세요. 여러분의 목이 더 마를지라도 형제에게 물잔을 먼저 넘겨주면 주님께서는 분명히 당신의 손으로 여러분이 물을 마시게 해주실 것입니다." 그녀는 쉬지 않고 수녀들에게 말했다. "자신보다 동료 수녀들을 더 사랑하세요." 장상에게도 마찬가지였다. "자신을 사랑하기보다 맡겨진 양들을 더 사랑하세요."

마리얌은 지상에 살 때, 성인들과 천사들과 평생 그녀를 인도해 주신 성모님의 방문을 받았다. 그녀는 복되신 성모님의 성심 안에서 성모님의 지혜로 양육되었던 것이다.

60. 마리얌이 비유로 말하다.

갈릴리의 가난한 가정에서 태어났기 때문에 그녀는 세련되지 못한 말을 했고 촌스러운 감탄사를 자주 사용했다. 다소 불완전한 불어를 구사했음에도 불구하고 그녀는 시인이었다. 천상에서 온 가르침을 전달할 때, 그녀는 자연이나 일상에서 흔히 볼 수 있는 것을 예를 들어 설명했다. 그녀의 말은 성경에 자주 등장하는 비유와 또 다른 갈릴리 사람, 나자렛 예수님의 말을 떠올리게 한다.

그녀가 동료 수녀들에게 자주 해 준 이야기들이다.

그녀가 말했다.

"관상 기도에 들어가기 위해서는 무기가 있어야 합니다."

한 수녀가 그녀에게 물었다.

"관상 기도를 위한 무기가 뭔가요?"

61. 관상 기도를 할 때는 작은 도끼가 필요하다.

마리얌이 대답했다.

"기도 중에 분심이 들 때를 대비해 작은 도끼로 무장해야 합니다."

다시 그 수녀가 마리얌에게 질문을 던졌다.

"도대체 그 작은 도끼가 무엇인가요?"

"그것은 선한 의지입니다. 선한 의지는 기도하는 동안 우리를 방해하는 것과 하느님으로부터 온 것 아닌 것을 싹이 날 때부터 뿌리까지 자르도록 도와 줍니다."

마리얌은 죄 때문에 괴로워하는 영혼들에게 위로가 되는 비유를 나무를 예로 들어 말해 주었다. "천국에서 가장 아름다운 나무는 지상에서 죄를 가장 많이 지었던 나무들입니다. 왜냐고요? 그들은 자신의 죄를 나무 밑동에 쌓아서 거름으로 이용하기 때문이지요." 하느님의 자비에 대해 이 얼마나 아름다운 통찰인가! 마리얌의 가르침에는 희망이 흘러넘친다. 극한 죄를 지은 죄인을 비난하거나 위협하지 않고 하느님의 자비에 의탁하도록 도와준다. 진홍같이 붉은 죄조차도 하느님의 자비에 의해 긍정적으로 변화될 수 있음을 알려 준다. 죄 때문에 하느님을 피하던 사람들도 자신의 죄를 거름으로 사용하여 더 좋은 열매를 맺을 수 있음을 깨닫고 하느님께 달려들게 만든다.

62. 예수님은 교만한 사람을 겸손으로 이끄신다.

마리얌은 교만조차도 희망의 언어로 말한다. "천성적으로 매우 교만한 사람은 큰 은총을 받았습니다." 그 때문에 매일 교만과 반대되는 훈련을 받게 되어 있다고 덧붙인다. 그들은 교만과 싸우기 위해서 노력해야 하며 그 싸움을 통해 주님께서는 그들을 겸손한 사람으로 성장시키신다. 그들은 한평생 자신의 교만과 싸워야 하고 그 투쟁 덕분에 겸손의 미덕을 갖추게 될 것이다.

타고난 성향 중에 아주 완고한 결점들은 주님께서 그 반대되는 덕의 아주 높은 차원까지 그 사람을 성장시키기 원하신다는 표시라는 것이다. 예수님만이 악을 이용하여 우리를 선하게 성장시킬 수 있는 길을 알고 계신다. 마리암은 교만을 예로 들었지만 이기주의, 불순결, 탐욕에 대해서도 마찬가지일 것이다. 수녀들을 격려하기 위해, 죄인들에게 희망을 주기 위해, 상처로 허물어진 사람들에게 기쁨을 되찾아 주기 위해, 악덕을 성덕으로 변화시키기를 원하시는 예수님의 원의를 마리암은 성령의 빛으로 알아듣고 사람들에게 전해줌으로써 자신의 결점을 참고 견딜 수 있는 힘을 준다.

63. 병중에 있을 때라도 하느님의 영광을 위해 살 수 있다.

마리암은 질병으로 괴로워하는 사람들에게 평화를 찾게 해 주는 말을 자주 했다. 그녀는 병중에 있는 수녀들에게서 평화를 잃어버리게 만드는 공통된 생각들을 찾아냈다. "내가 건강하기만 하면, 주님을 위해 이런 것을 할 텐데……하느님과 내 영혼을 위해 좋은 일을 할 텐데……"라고 말하는 것이 얼마나 환상에 불과한지 마리암은 잘 밝혀 주고 있다. 주님께서는 우리가 병중에 있더라도 모든 것을 하실 수 있기 때문이다. 치유를 청할 때는 오직 하느님의 영광을 위해서, "저의 하느님! 당신의 영광을 위해서, 당신의 뜻이라면, 제 영혼에게 필요하다면, 저를 치유시켜 주소서!"라고 해야 한다.

마리암은 온전히 하느님만 바라보고 하느님의 영광에만 관심이 있었다. 그녀는 자신에 대해 집중하지 않았다. 오히려 반대였다. 주님께서는 그녀를 통해서 나간 은총을 그녀가 아는 것조차 허락하지 않으셨다. 그녀는 자신을 수녀들 가운데서 가장 비천하고 가장 큰 죄인으로 여겼다. 그녀가 수녀원에 살고 있는 것조차 동료 수녀들이 자기에게 큰 애덕을 베푼 것으로 여겨 감사했다.

64. '자아'는 세상을 어둠으로 인도한다.

마리얌은 자신에 대해 만족하는 기색이 전혀 없었다. 그녀는 '자아'에 대해 매우 빼어난 교훈을 남겼다. 우리가 죽으면 바로 5분 후에 죽는 그 악명 높은 '자아'에 관해 그녀가 한 말이다. "자아는 세상을 어둠으로 이끕니다. '나'를 가진 사람의 마음에는 슬픔과 고뇌가 가득합니다. 우리는 '나'와 '하느님'을 동시에 소유할 수 없습니다. '나'를 가지면 '하느님'을 소유할 수 없으며 '하느님'을 소유하면 '나'를 갖지 못합니다. 동시에 두 개의 심장을 가질 수 없는 것처럼 오직 한 개만 가질 수 있습니다. 자아가 없는 사람은 모든 것에서 성공합니다. 모든 것이 그를 행복하게 합니다. '자아'가 있는 곳에 겸손, 온화함, 미덕이 있을 수 없습니다. 기도하고 청해도 그 기도는 올라가지 못하며 그 청원은 하느님께 다다르지 못합니다." 이 지혜로운 말들은 깊은 성찰로부터 나왔음이 분명하다.

65. 마리암이 마음을 읽는 은사를 받다.

마리암은 주님으로부터 '마음을 읽는 은사'를 받았다. 아르스의 사제 요한 비안네 신부와 비오 신부가 받은 바로 그 능력이다. 그분들은 사람들이 고의로 죄를 고백하지 않거나 고해 당사자조차 인식 못하는 영혼의 깊은 곳에 있는 죄가 무엇인지를 알 수 있었다. '마음을 읽는 은사'는 하느님의 자비로 말미암아 주어지는 은총이다. 그녀는 이 은사로 기회가 닿는 대로 많은 동료 수녀들을 도와주었다. 수녀들뿐만이 아니었다. 가르멜 수도회와 친밀하게 지내는 사람들과 교황과 고위 성직자들도 도와주었다.

불안 증세가 심한 수련 수녀가 있었는데 그녀의 고통의 원인을 아무도 발견하지 못했다. 어느 날 주님께서 마리암에게 말씀하셨다. "누구누구 수녀에게 가 보아라. 그리고 그녀에게 말하여라." 주님께서 마리암에게 그 수녀가 과거에 심각한 죄를 지었는데 아직까지 고해하지 않은 죄가 있음을 보여 주셨다. 마리암은 곧장 그 수녀에게 가서 물었다.

> "수녀님, 과거의 모든 죄를 진실하게 다 고해했나요?"

> "물론이죠, 적어도 숨기고 고해하지 않은 죄는 하나도 없습니다."

"그러면 이 죄도 고해하셨나요?"

그 수련 수녀는 충격을 받았다. 자신이 수년 동안 이 죄를 무의식 속에 밀어 넣어 그 죄를 지었다는 것조차 모르고 있었음을 비로소 깨달았던 것이다. 그 수녀는 재빨리 사제를 불러 고해성사를 봤으며 마음의 평화를 되찾았다. 그녀의 영적 불편함의 뿌리는 그 죄였음에도 불구하고 그 죄를 지었다는 것조차 잊어 버릴 정도까지 깊이 억눌러 놓았던 것이다. 마리얌은 자신의 공동체에 이런 식으로 봉사했다.

66. 마리얌에게 환시와 예언의 능력이 주어지다.

마리얌에게 환시의 능력도 주어졌다. 미래에 일어날 전쟁도 환시를 통해 보았으며 그 때문에 공동체에 기도를 요청하기도 했다. 사제들이 타락하는 것도 보았다. 그들 중 몇 명이 끔찍한 유혹에 사로잡히는 것을 환시를 통해 알게 되었다. 죄에 빠져 추락하는 영혼들을 보고 무척 고통스러워했다. 그녀는 악한 사람들이 로마 바티칸의 어떤 건물을 폭파하기 위해 지하에 폭발물을 설치하는 것을 매우 정확하고 구체적으로 보았다. 그녀는 장상의 허락을 얻어 바티칸 관계자에게 이 사실을 알렸다. 그녀의 말이 옳았다는 것이 조사를 통해 확인되었다. 커다란 불행을 미리 피하게 되었던 것이다. 이 사건이 교황의 주의를 끌었고 나중에 주님으로부터 온 다른 메시지를 전달할 때, 가르멜 수도회와 바티칸에서는 그녀의 말을 매우 주의 깊게

들었다. 그녀의 예지력이 주님께로부터 왔다는 것이 이미 입증되었기 때문이었다.

미래의 일을 알 수 있는 영적 능력이 있음에도 불구하고 그녀는 결코 미래에 대해 알고 싶어 하지 않았다. 그녀는 미래의 사건에 대한 호기심도 없었고 하느님의 신비에 대해 알고 싶어 하지도 않았다. 원하지도 않았는데 그런 영적 능력이 그녀에게 주어진 것이었다. 사람들이 점쟁이나, 점성가, 예언가, 타로 카드사에게 하듯이 자신의 미래를 알고 싶어 하면 그녀는 그것을 절대 용납하지 않았다. 마리얌은 그녀의 능력을 오직 하느님의 영광을 위해서만 사용했다. 그녀가 미래의 일을 알려줄 때는 그 영혼들에게 유익할 때였다. 신앙을 굳건하게 할 수 있도록 도와주고 무엇보다도 하느님께 충실하도록 돕기 위해서였다.

예언자는 하느님으로부터 오는 말씀을 받아서 전해 주는 사람이다. 하느님의 메시지는 예언자를 통해서 나가고 사람들에게 전해진다. 예언자는 오직 메시지의 전달자, 하느님께 순종하는 종일 뿐이다. 마리얌은 자신이 받은 말씀을 전해 주고는 성경의 예언자들처럼 그 자리에서 완전히 물러났다.

67. 우리는 아빠가 없는 고아들처럼 고통스럽게 산다.

 예언자의 사명은 미래에 대한 호기심을 만족시키거나 미래에 대한 계획을 세우기 위해 미래를 알고 싶어 하는 사람들의 관심사와는 아무 상관이 없다. 미래에 관한 정보를 얻으려는 욕구는 자신에게 천상 아버지가 있다는 것을 믿지 못하는 데서 비롯된다. 이 시대의 많은 사람들은 마치 고아처럼 행동하고 고아처럼 고통스럽게 산다. 아빠가 있는 아이는 자기에게 일어날 일에 대해 알 필요를 느끼지 않는다. 아빠를 전적으로 믿기 때문이다. 아버지는 아이가 살아가야 할 삶의 현실을 조금씩 조금씩 단계별로 알려 준다. 마리얌은 우리와 우리의 필요를 아시는 천상의 아버지께 우리 자신을 어떻게 내맡겨야 하는지 가르쳐 준다. 그런 까닭에 마리얌은 소화 데레사의 전신이라고 할 수 있다. 천상 아버지에 대한 신뢰를 가르쳐 주고 있는 마리얌의 메시지는 그 후 몇십 년 뒤, 소화 데레사 성녀를 통해 '작은 길'이라고 부르는 '자아 포기'와 '천상 아버지께 대한 믿음'에 대한 가르침으로 우리를 다시 찾아온다.(Clark, John. 한 영혼의 이야기 : 리지외의 소화 데레사 성녀의 자서전, 워싱턴D.C : ICS출판사, 1975)

68. 마리얌이 레바논과 예루살렘에 대해 예언하다.

마리얌은 특정 나라에 대해 예언을 하기도 했다. 그녀의 부모가 레바논과 시리아 출신이었기 때문에 그녀는 레바논에 대해 남다른 친밀감을 가지고 있었다. 마리얌은 순수한 중동 혈통의 이슬람의 딸이었다. 주님께서는 레바논에 닥칠 수많은 고통을 마리얌에게 미리 보여 주셨다. 그녀의 예언이 얼마나 정확한지 사실을 확인해 보면 무서우리만큼 놀랍다.

마리얌은 베이루트에 대해서 말했다. "베이루트 위에, 뭔가 보인다. 도시 위를 맴도는 구름이 보인다. 그것은 붉은색, 녹색, 검은색이다." 당시에는 그런 국기가 없었지만 오늘날 그것은 시리아 국기의 색깔이다. "피비린내가 난다. 마치 시체가 있는 것처럼 피냄새가 주위 어디서나 난다. 피바다가 보인다. 그러나 그 모든 것에도 불구하고 저 깊은 곳에서부터 솟아 올라오는 설명할 수 없는 기쁨을 느낀다." 레바논이 견뎌야 할 엄청난 박해와 고통에도 불구하고 마리얌이 느낀 영적 기쁨은 주님께서 레바논을 승리로 이끄시어 구원하실 것이라는 암시였다. 마리얌은 예루살렘에 대해서도 말했다. "예루살렘 하늘 위에 불덩어리가 보인다. 불덩어리가 떨어질 준비가 되어 있다. 기도만이 그것을 중지시킬 수 있다."

69. 프랑스야, 용서를 청하여라! 용서를 청하여라!

마리얌은 프랑스에 관해서도 예언했다. 그녀는 프랑스의 포에서 수도 생활을 하고 마르세이유를 여행하는 등 프랑스에서 오랫동안 살았다. 주님께서는 그녀의 마음이 프랑스에 대한 사랑으로 불붙게 하셨다. 그녀는 프랑스를 주님의 정원에 있는 장미 숲에 비유했다. 예수님께서는 그녀에게 이 장미 숲에 대해 자주 말씀하셨다. 마리얌은 "이 장미 숲이 세 개의 전지가위로 다듬어질 것이다. 오직 하나의 가지만 남을 것이며 이 가지를 통해 하느님께서는 위대한 일을 하실 것이다. 그러나 그전에 프랑스는 반드시 정화되어야 한다."고 말했다. 그녀는 예수님께서 프랑스를 향해 말씀하신 것을 전달했다. "프랑스야, 용서를 청하여라! 용서를 청하여라! 프랑스는 복음 선교에 너무나 좋은 일을 많이 했기 때문에 프랑스를 버릴 수가 없다. 프랑스는 성스러워질 것이다. 그러나 아직 그럴 준비가 되지 않았다. 프랑스 국민들이 회개하고 기도한다면 시련은 줄어들 것이나 그렇지 않으면 프랑스에 큰 어려움이 닥치고 프랑스는 점점 추락할 것이다."

마리얌은 말한다. "하느님께서는 프랑스의 심장부에서 멋진 일을 하실 것입니다. 그러나 예수님께서 말씀하시길, '프랑스는 먼저 정화의 필터를 통과해야 하고 아무것도 아닌 존재로까지 작아져야 한다. 그래야만 내가 군대의 선두에 서게 되고 모든 나라들이 이렇게 말하게 될 것이다. 진실로 프랑스를 인도하시는 분은 하느님이시다! 믿는 이들은 물론, 믿지 않은 자들과 불경한 자들까지도 이구동성으로 그렇게 외치게 될 것이다.'" 다시 말하면, 프랑스가 마음을 다하여 하느님께 울부짖을 때까지 기다리시다가 프랑스를 구원하시겠다는 것이다. 마리얌의 이 메시지는 다른 예언자들도 한 목소리로 말했듯이 프랑스는 인류 구원에 있어 매우 중요한 위치를 차지하고 있다는 것을 말해주고 있다.

마리얌은 프랑스가 인류 구원에 중요한 역할을 할 것을 알고 있었기 때문에 프랑스에 대해 많은 요구를 했다. 주님께서 마리얌에게 "하느님께 속하지 않는 모든 것은 쓸려 나갈 것이다."라고 말씀하셨고 그녀는 프랑스가 진정으로 하느님께 속하기를 원했다. 물론, 이것은 프랑스에만 해당되는 것이 아니라 다른 모든 나라들도 마찬가지이다. 성경에서 찾아볼 수 있다. 예수님께서는 우리에게 말씀하신다. "하늘의 내 아버지께서 심지 않은 초목은 모두 뽑힐 것이다."(마태 15, 13) 프랑스에 전지가위가 닿기 전에 하느님께 돌아서서 마음을 다하여 회개하고 정화의 필터를 통과해 세상 구원의 핵심적인 역할을 할 수 있기를 간절히 바란다.

70. 냄비와 후라이팬에 둘러싸인 마리얌이 하느님의 애무를 받다.

하느님의 신비는 유독 순수한 어린아이에게서 잘 드러난다. 어린아이와 같은 유치한 언어로 하늘의 메시지를 전해 준 갈릴리의 이 가난한 촌뜨기 소녀를 찾아내어 시복하신 요한 바오로 2세 교황의 안목은 정말 탁월하다. 하느님께 온전히 의탁한 영혼은 하느님을 안다. 그녀는 이 세상에 태어난 순간부터 초자연적인 지혜를 가지고 있었고 영적인 삶을 직관적으로 이해했다. 마리얌은 하느님과 함께 살았고 그녀는 하느님께서 천상에서 지상으로 손을 뻗어 쓰다듬어 주시는 애무를 받으며 살았다. 가장 천하고 남들 눈에 띄지 않고 극도의 고통스러운 일 속에서는 물론이거니와 냄비와 후라이팬 등 주방 도구에 둘러싸여 있을 때도 그녀는 하느님의 애무를 받았다.

마리얌은 가난한 가정에서 태어났고 불운을 겪으면서도 하느님의 신비를 온전히 받아들인 어린아이로, 보이지 않는 천상 세계의 증인이 되었다. 천상을 전해주기 위해 그녀는 한 세기를 훌쩍 뛰어넘어 우리에게 바싹 다가왔다. 그녀가 100년 세월을 뛰어넘어 이 시대에 착륙한 이유는, 바로 지금이 하느님의 신비로부터 분리되기를 원하고 하느님 없이 살기를 원하는 시대가 되었기 때문이다. 현대는 과학으로 증명된 것만 믿으려 하고 사람의 영혼 문제는 제쳐두고 심리학으로 사람을 해석하고 인간관계 문제를 해결하려고 한다. 심리학은 웰빙(well-being)에 몰두하게 만들고 웰빙을 추구하다 보면 어려움을 감내할 수 있는 능력 상실로 결국 일빙(ill-being)의 고통 속으로 사람들은 마구 내몰린다. 더욱이 심리학은 하느님의 육화 강생을 부정하는 뉴에이지 같은 사이비 영성에 빠지게 해 하느님으로부터 멀어지게 만든다. 신앙을 잃은 현대인을 위해 마리얌은 천상에 대해 알려주고 우리의 최종 목적지를 상기시켜주기 위해 폭탄처럼, 아주 즐거운 폭탄처럼 이 시대에 착륙한다.

마리얌은 천사들과 함께 살았다. 그녀는 복되신 성모님과 함께 살았으며 천상에서 오는 가르침을 받았다. 청소년, 청년, 여러 수도 공동체에서 마리얌에 대해 이야기할 기회가 있을 때마다 몹시 놀라는 것은 청소년들과 청년들이 마리얌의 메시지에 폭발적인 관심을 갖는다는 것이다.

71. 마리얌이 하느님 없는 감옥에 갇힌 우리에게 창문을 열어 주다.

그녀의 메시지는 매우 쉽다. 그래서 사람들의 마음에 큰 울림을 준다. 어른들은 청소년들이 마리얌의 신비스런 삶과 영적 은총을 이해하지 못해 한 귀로 듣고 한 귀로 흘려버릴 것이라고 지레짐작한다. 그러나 놀랍게도 짐작한 것과는 정반대의 현상이 나타나고 있다. 마리얌의 메시지를 접한 청소년들과 청년들은 천 가지도 넘는 질문을 한다. 요즘 젊은이들은 신앙과 삶의 의미와 삶의 궁극적 목적에 대해 침묵해 온, 어른들에 의해 신앙의 유산을 물려받지 못한 희생자들이다. 젊은이들은 진리를 알고자 하는 끝없는 갈증을 느끼고 있다. 그들은 어른들의 우려와는 달리 마리얌의 메시지를 사랑한다. 그리고 보다 더 잘 이해하고 보다 더 깊이 알아듣길 원한다.

서양에서는 더이상 하느님과 하느님의 말씀에 관해 어느 누구도 드러내 놓고 이야기하고 싶어 하지 않는다. 악과의 영적 투쟁에서 어떻게 해야 하는지에 관해서도 말하고 싶어 하지 않는다. 다른 사람들이 시대에 뒤떨어진 사람으로 평가하는 것을 두려워하게 된 것이다. 악은 신앙인들에게 하느님 없이 살아가는 사람들이 자신을 다르게 보는 것에 대한 공포를 심어 주었다. 신앙인의 목을 조르는 데 성공한 것이다.

신앙에 대한 어른들의 침묵으로 젊은이들은 하느님을 모르는 채 양육되었기 때문에 그 어느 때보다도 진리에 대해 목말라한다. 젊은이들이 하느님과 신앙에서 이처럼 철저히 배제된 시대는 지금껏 없었다. 영원한 생명과 진리에 대한 무지는 삶의 의미를 잃어버리게 하고 젊은이들을 점점 시들어 가게 만들어 결과적으로 그들을 영적 죽음으로 몰아가고 있다. 1세기 이상의 침묵을 거쳐 이 시대의 젊은이들에게 마리얌을 되살려 그들에게 영생에 대한 희망을 갖게 해주신 하느님께 감사드린다. 그녀는 하느님 없는 감옥에 갇혀 있는 우리에게 감옥의 창문을 열어 하느님을 만나게 도와 준다. 그녀는 하느님께서 들어오실 수 없도록 납으로 굳게 닫힌 우리의 마음 문을 활짝 열어 젖힌다.

마리얌은 어린 예언자의 또렷하고 작은 목소리로, "하느님에 관해서는 아주 단순합니다. 그분은 계십니다. 그분의 목소리에 귀를 기울이면 여러분은 죽지 않아요. 여러분은 영원히 살 거예요!"라고 우리에게 말해준다.

마리얌의 삶의 족적을 볼 때, 그녀가 말한 것은 진실이다. 마리얌의 삶에서 하느님은 분명히 살아 계셨다. 가르멜 수녀들과 그녀에게 도움을 요청했던 가난한 사람들을 도와주었듯이 천국에서도 우리를 위해 기도하고 도와줄 마리얌의 사명은 지금 이 순간에도 활기차게 계속 되고 있음은 두말할 필요도 없다.

에스트리트 신부가 모은 마리얌의 메시지

언제나 애덕으로 무장하십시오. 한쪽 눈이 좋지 않은 것을 볼 때, 다른 쪽 눈과 함께 얼른 감아 버리십시오. 나쁜 것을 선한 것으로, 부정적인 것을 긍정적인 것으로 바꾸려는 노력을 항상 실천해야 합니다.

이웃을 사랑한다면, 그 사실로 예수님께서는 여러분이 당신을 사랑하고 있다는 것을 아십니다. 이웃을 사랑하지 않는다면, 그것으로 예수님께서는 여러분이 당신을 사랑하지 않는다는 것을 아십니다. 이웃이 예수님과 어떤 관계인지는 중요하지 않습니다. 이웃을 판단할 때마다 여러분은 아주 깊은 구렁텅이로 추락할 것입니다.

저는 하느님 안에 있고 하느님께서는 제 안에 계십니다. 제가 하느님 안에 있으면 모든 피조물들과 모든 나무와 꽃들이 하느님의 것이고 또한 제 것인 것처럼 느껴집니다. 저는 더 이상 제 뜻을 가지고 있지 않습니다. 제 뜻을 하느님의 뜻에 일치시켰기 때문입니다. 제 뜻이 없으면 하느님의 것이 모두 제 것이 됩니다. 저는 하느님과 하나가 되어 우주보다 더 큰 마음을 갖기를 원합니다.

성모님 없이는 우리는 하느님께 가는 길을 잃게 됩니다. 사탄은 모든 곳에 구덩이를 파놓고 우리를 유혹하지만 성모님께서는 이 모든 유혹에 빠지지 않도록 세상 어떤 엄마보다도 우리를 더 잘 돌보아 주십니다.

예수님께서 선택하신 영혼들을 쳐다보실 때, 그분의 눈길만으로도 그 영혼의 심장이 완전히 녹아내립니다. 오! 얼마나 놀랍고 신비로운 눈길인지요!

예수님에 관한 이야기를 듣는 것은 즐거운 일이지만 예수님께서 말씀하시는 것을 들으면 더욱더 즐겁습니다. 예수님에 대해 생각하는 것은 즐거운 일이지만 예수님을 소유하는 것은 더욱더 즐겁습니다. 예수님의 말씀에 귀를 기울이는 것도 즐거운 일이지만 그분의 뜻을 실천하는 것은 더욱더 즐겁습니다.

작은 일에 최선을 다하십시오. 하느님의 눈에는 작은 것이 없습니다.

사람의 마음을 채울 수 있는 유일한 것은 사랑밖에 없습니다. 착한 사람은 생명 유지에 꼭 필요한 것과 사랑으로 만족합니다. 그러나 악한 사람들은 온갖 쾌락을 즐기고 부와 명예를 누리면서도 항상 배고프고 목마르고 만족할 줄 모릅니다.

사탄은 작은 틈을 타서 들어오기 때문에 항상 깨어 있으려고 노력해야 합니다.

저의 바램은 여러분이 마음의 평정을 유지하는 것입니다. 두려움이나 양심의 가책에는 눈길도 주지 마시길 바랍니다. 사탄은 두려움과 양심의 가책을 이용해 우리를 하느님께로부터 멀어지게 합니다. 할 수 있는 것은 하고 할 수 없는 것에 대해서는 겸손하십시오. 그리고 헛된 두려움을 하느님께 대한 사랑의 불로 태워 버리십시오.

주님께서는 우리가 바친 봉헌물의 일부를 되찾아가는 것을 좋아하지 않으십니다. 그분께 모든 것을 봉헌하고 그분께 드린 것을 결코 되돌려 받으려 해서는 안됩니다.

작아지고 작은 채로 남아 있길 바랍니다. 그러면 예수님께서 여러분을 보호해 주실 것입니다. 암탉이 어린 병아리는 품고 있다가 병아리가 크면 품 밖으로 쫓아버리는 것처럼 쫓겨나지 않으려면 작아져야만 합니다. 주님께서 당신 날개 아래에 여러분을 품어 주시도록 작아지시기 바랍니다. 암탉과 어린 병아리들을 자세히 보시기 바랍니다. 병아리들은 어미가 부리로 먹이를 먹여 주고 날개 밑에 숨겨 주므로 아무것도 부족하지 않습니다. 작아지면 주님께서 여러분을 먹여 주시고 보호해 주실 것입니다.

오늘 아침에 저는 하느님을 느낄 수 없어서 몹시 괴로웠습니다. 제 마음이 마치 쇳덩이처럼 무겁게 느껴졌습니다. 하느님께 대해 아무런 생각도 할 수도 없어서 성령님께 청했습니다. "예수님을 알게 해주시는 분은 당신이십니다. 사도들은 오랫동안 예수님과 함께 있었지만 그분을 알지 못했습니다. 그러나 당신께서 오시자 예수님을 알고 이해할 수 있게 되었습니다. 성령이시여! 저로 하여금 예수님을 알고 사랑할 수 있도록 도와주소서. 오소서, 위로자 성령이시여! 저의 기쁨, 저의 평화, 저의 힘, 저의 빛이시여, 어서 오소서!"

하느님께서는 사과 씨처럼 숨어 계십니다. 사과를 쪼개면 그 안에 들어 있는 씨를 발견할 수 있습니다. 사과 가운데에 있는 다섯 개의 씨를 찾을 수 있습니다. 하느님께서는 사람들의 마음속에 같은 방식으로 숨어 계십니다. 우리 마음속에 다섯 개의 씨로 상징되는 당신 수난의 신비와 함께 숨어 계십니다. 하느님께서는 수난을 당하셨습니다. 사람도 그가 원하든 원치 않든 수난을 겪어야 합니다. 그가 사랑으로 하느님과 일치하여 시련을 겪어 내면 덜 고통스러우며 공덕을 쌓게 되고 마음 속에 있는 다섯 개의 씨가 발아하여 풍성한 열매를 맺을 것입니다. 그러나 시련을 거부하면 더 큰 고통을 겪을 것이며 아무런 공덕도 쌓지 못할 것입니다.

탈혼 상태에서 가르멜 수녀들에게 준 마리얌의 메시지

자신이 아무것도 아님을 깨닫고 아주 작은 존재로 살아가면 성모님께서 여러분과 함께 계실 것입니다. 예수님의 말씀을 따라 살고 절대로 낙담하지 마십시오. 낙심을 하면 사탄은 여러분을 유혹할 것입니다. 그의 말에 귀를 기울이지 말고 항상 목자이신 예수님의 말씀을 들으십시오. 사탄의 말을 들으면 안됩니다. 그는 질투의 화신입니다. 사탄이 여러분을 유혹할 때 더욱 더 겸손해지세요. 그러나 만일, 예수님께서 사탄이 여러분을 유혹하도록 허락하신다면 그것은 여러분을 성장시키기 위한 것입니다.

장상을 따르고 동료들끼리 서로 사랑하고 겸손과 애덕으로 대하십시오. 사탄은 여러분을 시기하여 유혹할 것이나 실망하지 말고 "서로 사랑하라!"는 주님의 말씀을 실천하십시오. 사탄은 애덕을 좋아하지 않습니다. 그는 서로 미워하게 만들고 서로에게서 돌아서도록 할 것입니다. 그러나 사랑으로 서로 끌어안고 하나가 되십시오. 그러면 그는 떠날 것입니다.

사탄이 여러분을 유혹하더라도 사탄보다 더 강해져야 합니다. 여러분에게 유혹은 좋은 것입니다. 물은 여러분을 깨끗하게 씻어 줍니다. 강한 유혹은 우리의 몸을 아주 깨끗하게 씻어 주는 따뜻한 물과 같습니다.

이것에 대해 깊이 묵상하십시오. 오늘은 지상에서, 내일은 지하에서!

시험을 당하면 당할수록 하느님께 더 가까이 달려갑시다. 사람들이 당신을 무시하면 기뻐하십시오. 왜냐하면 당신은 하느님의 망토 아래에 있기 때문입니다. 여러분이 존경받고 명예로 워지면 피눈물을 흘리십시오. 왜냐하면 적이 당신을 도둑질하러 올 것이기 때문입니다. 강도들은 가난한 집에서 훔치지 않고 부잣집을 텁니다.

저는 하늘과 땅과 바다에 살고 있는 온갖 피조물에게 물어보았습니다. "예수님께서는 어디에 계십니까?" 그러면 모든 피조물들이 이구동성으로 대답합니다. "반듯한 마음 안에, 낮고 낮은 마음 안에 살고 계십니다!"

입맞춤하는 사람보다 뺨을 때리는 사람을 더 사랑하십시오. 뺨을 때리는 것을 피하거나 방어한다면 여러분은 모든 것을 잃게 될 것입니다. 그러나 뺨을 때리는 사람에게 입맞춤한다면 주님께서 친히 여러분의 보호자가 되어 주시고 여러분을 지켜 주실 것입니다.

사탄은 질투가 많습니다. 그는 어떤 수를 써서라도 신앙을 잃어버리게 만들고 영혼들을 타락하게 만들려고 안간힘을 씁니다. 그러나 두려워하지 마십시오. "저는 아무것도 아닙니다."

라고 고백하는 겸손한 영혼 앞에서 그는 멀리 달아나 버립니다. 하느님이 전혀 느껴지지 않을 때, 끙끙 앓고 눈물을 흘리면서도 겸손하게 예수님께로 향한다면 우리는 훌륭한 순교를 하고 있는 것입니다.

우리를 수도 성소로 불러주신 예수님께 감사드려야 합니다. 수도 규칙을 잘 지켜야 합니다. 수련 수녀가 규칙을 지키지 않으면 비록 그녀가 기적을 행할지라도 수도원에서 내보내야만 합니다.

다른 사람의 잘못과 결점을 눈여겨보면 안됩니다. 동료들이 편안하도록 가장 어렵고 고통스러운 일은 여러분이 차지하십시오. 다른 사람들을 언제나 긍정적으로 바라보고 잘못을 행한 사람을 용서하기 바랍니다. 어떤 수녀가 기름 단지를 뒤엎은 것을 보면 그녀가 하느님께 빠져 있었다고 말하고 얼른 걸레를 가지고 가서 엎지른 것을 닦아 내십시오.

원장 수녀님! 어떤 수녀가 와서 "원장님, 제가 기도 중에 성모님과 예수님을 뵈었습니다. 그분들이 저에게 이런 말씀을 해 주셨습니다."라고 말하면 이렇게 대답을 해야 합니다. "수녀님, 당신이 보고 들은 것을 잘 실천하시길 바랍니다. 은총은 반드시 열매를 맺어야 합니다. 열매를 보고 그것이 환상인지 은총인지 식별할 수 있습니다." 이 말을 한 뒤에 그 수녀가 만족해서 돌아간다면, "그분은 진짜 예수님이셨구나!"라고 생각하셔도 됩니다. 그러나 그녀가 슬퍼하면서 가버리면, "그것은 사탄이었구나!"라고 판단하셔도 좋습니다.

비난받은 사제에게 : "그들이 맘대로 말하도록 놔두십시오. 하느님께서는 전능하십니다. 하느님께서 눈여겨보시는 영혼을 흔들기 위해 천상과 지상의 모든 것이 발칵 뒤집히더라도 그들이 할 수 있는 것은 아무것도 없습니다."

사탄은 빛의 천사로 위장할 수 있습니다. 그러나 조금만 주의하면 언제나 그를 알아볼 수 있습니다. 그는 온갖 칭찬으로 여러분의 자만심을 부추기려고 애쓸 것이기 때문입니다. "저는 아무것도 아닙니다. 저는 어떤 은총도 받을 가치가 없습니다."라고 겸손하게 말하십시오. 그러면 그는 멀리 달아날 것입니다.

주님은 죄를 지었다고 나무라는 것이 아니라 겸손하지 않은 것에 대해 나무라십니다.

사랑한다고 말하는 것으로는 충분하지 않습니다. 사랑하고 행하는 것, 그것이 전부입니다. 사랑한다는 것은 씨를 뿌리는 것이고 사랑을 행하는 것은 싹을 틔우고, 성장시키고, 열매를 맺는 것입니다.

사랑을 행하기 위해 무엇을 해야 할지 마리얌에게 물었다. 그녀는 허리를 굽히고 먼지 하나를 주워 들고 질문하는 사람에게 내밀며 말했다. "당신이 먼지만큼 작아져야 합니다!"

성녀 마리얌의 사후 부검

그녀가 사망한지 몇 시간이 지나서 개업의인 카르파니 박사가 그녀의 심장을 부검하기 위해서 왔다. 모든 사람들이 볼 수 있도록 마리얌의 심장을 꺼내어 쟁반 위에 올려놓았다. 나는 돈 벨로니, 돈 에밀리오, 돈 테오필로, 돈 조반니 마르타, 그리고 돈 리카르도 브랑카와 함께 그 자리에 있었다. 우리 모두는 마리얌의 심장에 커다란 칼날에 찔린 상처 자국이 나 있음을 두 눈으로 직접 확인했다. 그 자리에 함께 있었던 모든 사제들과 수녀들도 이 놀라운 사실을 눈으로 직접 확인할 수 있었다.

마리얌의 손과 발에 마치 구멍같이 생긴 상처 자국이 있는 것도 보았다. '십자가에 못박히신 예수의 마리아 수녀'의 고해사제였던 돈 벨로니는 그녀의 손을 빛에 비춰 보면 성흔이 있는 자리의 살이 투명하게 보였다고 했다.

우리는 마리얌의 목에서도 커다란 상처의 흔적을 확인할 수 있었다. '십자가에 못박히신 예수의 마리아 수녀'가 알렉산드리아에 있을 때, 악한 자의 날카로운 칼에 목이 잘려 동굴에 버려졌는데 성모님께서 그녀를 구해주지 않았다면 그때 이미 죽었을 것이라고 시프리엥 수녀가 말해 주었다.

예루살렘 총대주교의 조카인, 발레르가 몬시뇰의 증언

| 성녀 베들레헴의 마리얌

성녀 마리얌의 생애 요약

1846.1.5	팔레스타인, 이빌린에서 출생하다. 같은 해 1월 15일 세례 성사와 견진 성사를 받다.
1849	부모를 여의다.
1854	이집트 알렉산드리아에 있는 삼촌에게 입양되다. 첫 영성체와 첫 고해 성사를 받다
1858	결혼하기를 거부하다.
1859~1860	알렉산드리아, 예루살렘, 베이루트에서 하녀로 일하다.
1863	마르세이유의 나자드 가정에서 하녀로 일하다.
1865	프랑스 마르세이유에 있는 성 요셉 발현 수녀회에 입회하다.
1867	포의 가르멜 수녀원에 입회해 7월 27일 착복식을 하다.
1868.5.24	'트랜스버버레이션'을 경험하다.
7.26~9.4	40일간 악마의 시험이 있다.
9.5~8	천상으로 인도되다.

1870. 8. 21	인도를 향해 출발하다. 11월 인도 망갈로르에 도착하다.
1871.11.21	조수녀로 종신 서원하다.
1872	포의 가르멜 수녀원으로 돌아오다.
1875.8.20	팔레스타인을 향해 출발하다.
1876	베들레헴의 가르멜 수녀원의 초석을 놓다.
1878.4~5	엠마오, 가르멜산, 이빌린, 나자렛, 타볼산과 베들레헴을 여행하다.
8.22	넘어져서 팔이 부러졌고 괴저가 시작되다.
8.26	동틀 녘에 사망하다.
1983.11.3	교황 요한 바오로 2세에 의해 시복되다.
2015.5.17	교황 프란치스코에 의해 시성되다.

성녀 마리얌의 축일은 *8월 26일*이다.

참고 문헌

마리얌의 생애와 메시지에 관해 가장 중요한 책은 그녀의 영적 지도자인 삐에르 에스트리트 신부의 불어로 씌여진 책이다. 이 책은 아직 영어로 번역되지 않았다. 마리얌에 대한 대부분의 정보와 인용 내용은 이 책에서 가져왔다.

브루노 아메데, 『마리얌, 작은 아랍 소녀 : 십자가에 못박히신 예수의 마리아 수녀(1846-1878)』 Eugene, Oregon. 마리아 레지나의 가르멜 출판사, 1984 출판

부지 데니스, scj, 『하느님의 종, 십자가에 못박히신 예수의 마리아 수녀의 생애 : 베들레헴 수녀원에서 성스러운 향기를 풍기며 죽은 가르멜의 평수녀(1846-1878)』 런던, Sands 출판사, 1926년 출판

부지 데니스 scj, 『십자가에 못박히신 예수의 마리아 수녀의 사상』, ocd.

에스트리트 삐에르, 『마리얌, 팔레스타인의 성녀 혹은 십자가에 못박히신 예수의 마리아의 생애』, Nouv. éd. 편집, 파리 떼퀴 출판사, 1999년 출판

참고 문헌

『베들레헴의 가르멜 수녀원의 창립자』, 예루살렘, 1975년 출판, 1997년 재판

『그녀의 편지들』, 2011년 출판, 가르멜 수도원 편집부

더 궁금한 내용은 아래 링크 참조
http://www.carmelholyland.org/english/insmariam.htm

마리얌의 이야기는 2개의 CD로 만들어져 있다.
*CD1 : Maryam, the little Arab
*CD2 : Maryam, the little Prophet

영어 사용국에서 CD 구입은 아래 웹사이트 참조
www.childrenofmedjugorje.com

참고 사진

베들레헴의 마리암

베들레헴의 마리암의 방

베들레헴의 가르멜 수녀원

탈혼 상태의 마리암

베들레헴의 가르멜 수녀원 경당

> Jésus est mon amour et ma joie, et sa croix est mon plaisir et ma paix. Mon cœur brûle nuit et jour de posséder le Dieu d'amour.
> à ma chère sr Agnès
> sr Marie de Jésus crucifié.

마리얌이 아녜스 수녀에게 쓴 편지

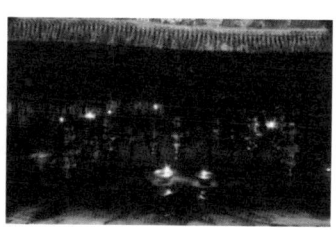

천사가 목자들에게
예수님의 탄생을 알렸던 들판

예수님 탄생지

예수님 시대에는 말들이 들어가지 못하도록
문을 낮게 만들었다.

오늘날, 그 문을 통과하기 위해
우리는 겸손하게 고개를 숙여야 한다.

| 성녀 베들레헴의 마리암

베들레헴 대성당, 예수 탄생 성당의 입구

'십자가에 못박히신 예수의 마리아' 성녀

예루살렘에서 남자들이 토라를 공부하고 있다.

갈릴리의 아이들

베들레헴에서 올리브를 수확하는 모습

진복팔단 산에서 바라보는 갈릴리 호수

동양의 향신료

OTHER PUBLICATIONS BY SISTER EMMANUEL

The Forgotten Power of Fasting

Children, Help My Heart to Triumph

The Amazing Secret of Purgatory

The Hidden Child

The Beautiful Story of Medjugrje

Peace will have the last Word

Scandalous Mercy

Medjugorje Triumph of the Heart

OTHER PUBLICATIONS BY SISTER EMMANUEL

이 세상 마지막 말은 평화

지은이 엠마누엘 멜라르 수녀
옮긴이 서경란 미카엘라 · 이명란 스텔라

성녀 베들레헴의 마리얌

교회인가 2023년 9월 8일
초판 1쇄 2023년 10월 10일

지 은 이 엠마누엘 멜라르 수녀
옮 긴 이 서경란 · 이명란
펴 낸 이 전갑수
펴 낸 곳 기쁜소식
           1989년 12월 8일 등록 제1-983호
           02880 서울 성북구 성북로5길 44(성북동1가)
           Tel. 02) 762-1194~5 Fax. 741-7673
           E-mail. goodnews1989@hanmail.net

가격 10,000원

ISBN 978-89-6661-294-9 03230

ⓒ 서경란 · 이명란, 2023

Maryam de Bethléem, la petite arabe ⓒ by Children of Medjugorje Inc.
All rights reserved.

이 한국어판의 저작권은 Les ENFANTS de MEDJUGORJE의 허락을 받은 서경란 · 이명란에 있습니다.

무단 전재와 무단 복제를 금합니다.
  성경 ⓒ 한국천주교중앙협의회. 2023.